KB271474

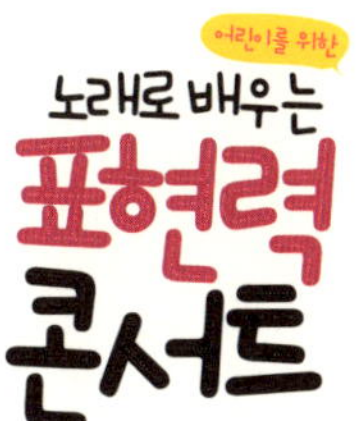
어린이를 위한
노래로 배우는
표현력
콘서트

노래로 배우는 표현력 콘서트 지은이 **황수민** 그린이 **차승민, 김아영**
펴낸이 **이종록** 책임편집 **박선정** 기획마케팅 **백소영** 경영지원 **이지혜** 펴낸곳 **스마트주니어**
등록번호 제 **313-2005-00129호** 등록일 **2005년 6월 18일**
주소 서울시 마포구 성산동 **293-1 201호**
전화 **02-336-1254** 팩스 **02-336-1257** e메일 **smartbiz@sbpub.net**
ISBN **978-89-92124-87-4 13320**
초판 1쇄 발행 **2011년 8월 4일**

노래로 배우는 표현력 콘서트

황수민 지음 | 차승민, 김아영 그림

스마트주니어

● 감사의 글 ●

말씀으로 힘과 용기와 사랑을 주신
하나님께 감사기도 드립니다.
어린 시절부터 칭찬을 통해 지금까지 성장하게 해준
가족에게 사랑과 감사의 마음 보냅니다.
월드비전 선명회 합창단을 통해 가능성을 알게 되었고,
세상을 살아가는 이유가 사랑이라는 것을 알 수 있었습니다.
윤학원 교수님, 월드비전 음악원 선생님들께 감사드립니다.
또한 아낌없이 레슨 노하우를 알려주신 선생님들께도 감사드립니다.
원고의 끊임없는 수정으로 애를 태우셨을
박선정 편집자님 감사드립니다.
마지막으로 3년 전,
부족한 제자에게 작가의 꿈을 심어 주시고
원고를 기획부터 마지막 검수까지, 아낌없이 지원해주신
김은성 교수님께 깊은 존경과 감사드립니다.
받은 사랑을 보답할 수 있도록
꿈을 잃지 않는 사람으로 자라고,
꿈을 이루는 사람이 되기 위해
더욱 노력하겠습니다.

2011년 8월 황수민

자신감의 씨앗을 찾아 떠나는
'신나는 노래 여행!'

"자, 우리 반에서 노래 잘하는 사람이 누가 있을까? 누구 한번 나와서 노래해볼래?"

"혜선이요, 혜선이 노래 엄청 잘해요."

"미화도 잘하는데…….'"

"수민아. 너 한번 나가 봐. 너 노래 잘하잖아."

추천받은 몇몇 친구들이 쑥스럽다고 자리에서 몸을 배배 꼬고 있었어. 사실 난 그렇게 노래를 잘하는 편이 아니란 걸 알고 있었어. 하지만 지루한 수업 중에 선생님께서 놀자고 하는 일이 얼마나 드문 일인지 너희도 알지? 그 소중한 시간을 다른 친구들처럼 못한다고 지지부진하게 보내고 있을 순 없잖아. 꾀꼬리 같은 목소리는 아니었지만 용기를 내기로 결심했지! 웃는 얼굴로 당당하게 앞으로 나가서 음악 시간에 배운 노래를 불렀어.

그렇게 시작한 무대 경험과 용기 있는 도전이 계기가 돼서 나는 그후로도 사람들의 앞에 서는 자리가 두렵지 않았어.

이처럼 자신을 표현하는 능력은 자신감이라는 씨앗에서부터 자라나는 거야. 내 안에 있는 무한한 능력들을 사람들 앞에 보여주기 위해서는 자신의 의지가 중요해. 하지만 물과 햇빛을 받은 씨앗만이 새싹이 되고 점차 자라서 큰 나무가 되겠지?

이 책에 나온 호흡과 발성, 발음, 몸짓과 표정 등 체계적인 훈련 방법들이 큰 꿈을 이루는 데 도움을 줄 거야.

특히 슈퍼스타 K, 위대한 탄생, 남자의 자격-하모니 편에서 보듯이 노래를 통해 자신을 표현하고 나타내는 것이 이슈가 되고 있는 지금, 실제적인 노래 레슨을 통해 표현력을 완성시켜 나갈 수 있어.

어때, 이 책과 함께라면 자신감이라는 씨앗을 심을 수 있겠지?

모두가 주목하고 있는 무대 위, 너희의 모습을 기대해도 좋아!

자, 지금부터 표현력을 위한 신나는 노래 여행을 시작해보자!

차례

나를
빛나게 하는 능력,
표현력

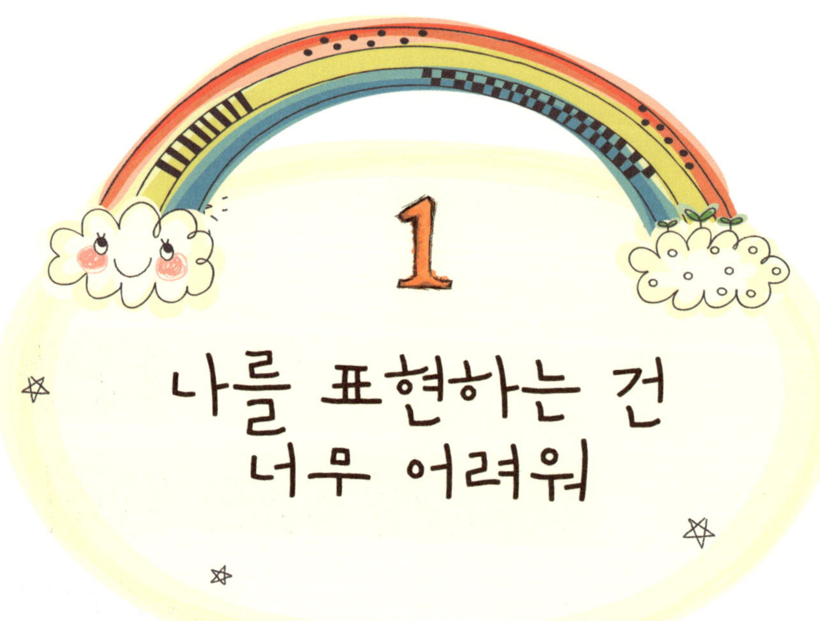

“직각삼각형의 빗변을 한 변으로 하는 정사각형의 면적은 다른 두 변을 각각 한 변으로 하는 두 개의 정사각형의 합과 같다. 피타고라스는 수학자이자 철학자…….”

점심시간 후, 곧바로 시작되는 목요일 수학 시간은 아이들에게 괴로운 시간이다. 졸다가 연달아 책상에 머리를 찧는 은수, 선생님이 잘 보지 못하시는 맨 뒷자리에서 게임을 하고 있는 윤호와 준석이, 몸을 배배 꼬면서 수업을 듣고 있는 지원이까지……. 예솔이도 졸린 눈을 힘겹게 뜨고 겨우겨우 수업을 듣고 있다.

"자자자, 여러분 수업에 집중해주세요. 아주 중요한 내용이에요. 봄이 오니 다들 춘곤증이 오나 보네."

"네, 선생님. 날씨가 너무 좋아서 그런지 집중이 안 돼요."

아이들은 반쯤 풀린 눈으로 선생님을 바라보며 투정을 부렸다.

"이러면 계속 진도를 나갈 수가 없겠는걸. 안 되겠어요. 우리 재밌는 게임할까요?"

졸던 아이들, 선생님 몰래 게임을 하던 아이들까지 선생님의 갑작스런 제안에 눈이 동그래졌다.

"와~ 게임이요?"

"그래, 피타고라스의 정리는 중요한 부분이니, 다음 시간에 다시 수업을 해야 할 것 같아요."

"와, 좋아요!"

"선생님, 최고!"

"하지만 조건이 있어요. 이번 게임에서 여러분이 지면 오늘 배운 내용을 노트에 세 번씩 복습하기에요!"

"어우~ 세 번씩이나?"

"또, 다음 시간에 배울 내용까지 노트에 세 번씩 예습하기!"

"으악, 너무해요 선생님."

아이들은 선생님을 향해 소리를 지르며 괴로운 표정을 지었다.

"내기에서 여러분이 이기면 오늘 수업은 여기까지 하고, 선생님이 아이스크림을 쏠게요!"

"와! 수업도 끝내고 아이스크림까지요!"

아이들이 환호했다.

"선생님, 그런데 무슨 게임인데요?"

반장 은수가 물었다.

"여기에 미션 종이와 여러분의 이름이 적힌 이름표가 있어요. 제비뽑기로 뽑힌 친구가 종이에 적힌 미션을 수행하면 여러분이 이기는 거예요."

미션 종이는 지난 번 소풍 갔을 때 사용하려고 만들어놓은 건데, 노래 부르기, 엉덩이로 이름 쓰기 등 다양한 미션이 적혀 있었다.

"선생님이 미션 종이를 먼저 뽑을 게요."

'두구두구두구두구.'

아이들이 책상을 두드리며 선생님의 손을 쳐다보았다.

"미션은 노래 부르기!"

"와!"

'누가 걸릴까?'

‘내가 걸리면 어떻게 해.’

“자, 이번에는 누가 미션을 수행할지 뽑아 볼까요? 김예솔! 자, 예솔이가 앞에 나와서 노래 부르세요.”

갑자기 예솔이의 이름이 불리자, 예솔이는 가슴이 철렁 내려앉았다. 친구들 앞에서 노래를 부르라니…… 소심한 성격의 예솔이는 상상도 하지 못한 일이었다.

“저, 저, 제, 제가요?”

“그래, 예솔이 이름표가 뽑혔으니 예솔이가 해야지요? 노래를 못하면 오늘 게임에서 선생님이 이기는 거예요.”

“예솔아, 잘하고 와~”

“빨리 노래하고 아이스크림 먹자.”

예솔이는 당황스러워 땀이 삐질삐질 나기 시작했다.

“어서 나가. 빨리~”

기다리던 아이들이 점점 짜증스런 얼굴로 예솔이를 다그쳤다.

“예솔이가 용기가 나질 않나 봐요. 모두 예솔이에게 큰 박수를 쳐 줄까요?”

‘짝, 짝, 짝, 짝.’

박수까지 받고 나니 예솔이는 더욱 부담스러워졌다. 겨우 교단으로

나갔지만 머릿속이 하얘지며 아이들의 얼굴이 하늘에 붕 떠서 아른아른거렸다. 아이들은 게임에서 질까 봐, 예솔이를 다그쳤다.

"야, 김예술! 빨리 노래 시작해!"

"사, 사, 산 산 산 사, 산에서 나, 나, 나, 나무들이 자, 자라고……. 선생님, 저 못하겠어요."

예솔이는 노래를 몇 소절 부르지도 못하고 후다닥 자리로 들어가 앉았다. 그러자 황당해하는 아이들의 목소리가 여기저기서 터져 나왔다.

"쟤 뭐한 거야?"

"몰라. 랩한 거 같기도 하고."

"예솔이가 노래를 끝까지 부르지 못했기 때문에 오늘 미션은 실패에요. 모두 다음 시간까지 숙제 잊지 마세요."

"어우, 선생님. 다른 사람 시켜주세요. 한 번만요~"

"여러분이 그렇게 원한다면 한 번 더 기회를 줄까요?"

"네, 선생님!"

그때 은수가 손을 번쩍 들었다.

"선생님, 예솔이가 부르지 못한 노래를 제가 끝까지 불러 볼게요. 자, 박수!"

은수는 반장인데 노래도 잘 부르고 모든 일에 적극적이어서 평소에 친구들에게 인기가 많았다.

"산 산 산 산-에-서 나무들이 자라고♫ 들 들 들 들-에-서 곡식들
이 자란다♪"

은수는 친구들에게 박수까지 유도하면서 멋지게 노래를 불렀다.

"잘했어요. 미션을 성공했으니, 오늘 수업은 여기까지 할게요. 아이스
크림도 선생님이 쏘고요. 하지만 한 번 더 기회를 준 거니 반쪽짜리 성
공이에요. 예습, 복습 3번씩 하는 거 잊지 마세요."

'딩동 뎅동.'

그때, 수업이 끝나는 종소리가 울렸다. 은수가 노래를 불러서 겨우 넘
어갈 수 있었지만, 예솔이는 그 시간 이후로 친구들을 편하게 대할 수가
없었다. 자기 때문에 반 친구들이 숙제를 해야 한다는 생각에 내내 미안
한 마음이 들었다.

그날 종례 시간이 되자 선생님은 연주회 입장권을 한 뭉치 가지고 들
어오셨다.

"이번에 예술의 전당에서 좋은 공연을 시작했어요. 특별히 우리 학교
가 서울시에서 공연 지원을 받게 되었네요. 선생님이 티켓을 나눠줄 테
니 공연을 보고 감상문을 써 오세요. 아참, 공연 팸플릿을 챙겨오는 것
잊지 마세요."

종례 시간이 끝나고 반 친구들은 함께 공연을 보러가기 위해 친한 친구들끼리 모였다. 하지만 예솔이는 공연을 함께 보러 가자는 말을 아무한테도 할 수가 없었다.

싱그러운 봄날, 예술의 전당 앞에는 사람들로 가득하다. 하늘에는 애드벌룬이 높이 떠 있고, 분수대 옆에는 솜사탕 아저씨가 아이들에게 솜사탕을 열심히 만들어주고 계셨다. 분수대에서 솟구치는 물줄기가 음악에 맞춰 춤추는 모습은 봄날을 더욱 신나게 했다.

오늘은 세계적으로 활동하고 있는 어린이 합창단과 청소년 오케스트라의 공연이 있는 날이다. 특히 대한민국이 낳은 최고의 프리마돈나 조수민의 찬조 출연까지 있어 예술의 전당은 관객들로 북적북적했다.

공연을 보러 온 사람들 사이에서 예솔이는 아까부터 공연이 시작되기를 기다리고 있었다. 예솔이는 혼자 공연을 보러 온 자기를 누가 알아볼까 봐 한쪽 구석에서 분수대만 바라보고 있었다. 줄기차게 뿜어내는 분수대도 예솔이의 답답한 마음을 시원하게 해주지는 못했다.

'에이, 이럴 거면 오지 말 걸. 엄마는 왜 하필 오늘 약속이 있으신 거야.'

“「사랑 나눔 세계로 콘서트」가 곧 시작되겠으니, 관객 여러분께서는 공연장으로 입장해주시기 바랍니다.”

‘뎅, 뎅, 뎅.’

공연을 시작하는 종소리가 들리자 사람들은 공연장으로 입장하기 시작했다. 분수대 옆 한쪽 구석에서 멍하니 앉아 있던 예솔이도 로비 쪽으로 달려갔다.

‘아차차, 팸플릿!’

팸플릿을 꼭 가져 오라시던 선생님의 말씀이 떠올라, 예솔이는 로비 중앙에 비치된 팸플릿 하나를 챙겼다. 조심스럽게 자리를 찾아 앉은 예솔이는 공연이 시작되기를 기다렸다. 곧이어 안내 방송이 들려왔다.

“관객 여러분, 오늘 공연에 많은 관심과 성원을 보내주셔서 감사합니다. 장내 정리가 지연되는 관계로 약 5분 후에 공연이 시작되겠으니, 관객 여러분은 양해해주시기 바랍니다.”

사람들이 많아서 관객이 모두 입장하는 데 시간이 꽤 걸렸다. 그 덕분에 예솔이는 환하게 불이 켜진 공연장 내부를 찬찬히 둘러볼 수 있었다. 넓은 나무로 된 벽은 옆으로 다가가서 툭툭 치면 ‘둥둥둥’ 하고 울릴 것만 같았다. 천장은 무대에서부터 객석 끝까지 점점 더 넓어지는 모습이 마치 커다란 악어 입을 벌려놓은 것처럼 보였다. 또 짝을 지어 끼리끼리

온 반 친구들도 몇 명 보였다.

조금 시간이 지나자 사람들은 모두 자리에 앉아 옆 사람과 소곤소곤 이야기를 나누거나, 조용히 팸플릿을 보고 있었다. 예솔이도 손에 들고 있던 팸플릿의 첫 장을 넘겼다.

베네수엘라 엘 시스테마, 월드비전 선명회 합창단에 대한 이야기를 다 읽었을 때쯤, 공연장의 조명이 꺼지고 무대에만 조명이 비췄다. 웅성이던 객석도 어느덧 조용해졌다.

예솔이는 조용히 무대를 바라봤다. 무대 위에는 지휘자를 위한 단상과 오케스트라를 위한 의자들이 40개 남짓 준비돼 있었다. 오케스트라 의자 뒤에는 철제로 된 단상도 보였다. 아마도 합창단을 위한 것 같았다.

"와~와~~와~~~"

'둥, 둥, 둥, 둥~'

왁자지껄 오케스트라 연주자들이 등장했다. 이번 공연의 연주자들은 다른 오케스트라에서처럼 엄숙한 표정으로 들어오는 게 아니라, 놀이동산에 온 것처럼 신이 나 보였다. 사람들은 박수를 치면서 그들을 맞이했다. 그때였다.

"I have a dream~ ♪ a song to sing ♫"

I have a dream, a song to sing

I have a dream, a song to sing

To help me cope with anything

If you see the wonder of a fairy tale

You can take the future even if you fail

I believe in angels

Something good in everything I see

I believe in angels

When I know the time is right for me I'll cross the stream

I have a dream, I have a dream a fantasy

To help me through reality And my destination

makes it worth the while Pushing

through the darkness still another mile

I believe in angels

Something good in everything I see

I believe in angels

When I know the time is right for me

I'll cross the stream

I have a dream

I'll cross the stream, I have a dream

나에게는 꿈이 있고, 부를 노래가 있어요.

나에게는 꿈이 있고, 부를 노래가 있어요.

꿈과 노래는 어려움을 극복하는 데 도움이 돼요.

동화 속의 경이로운 장면을 볼 수 있다면

비록 실패를 한다고 해도, 당신은 미래를 꿈꿀 수 있어요.

나는 천사의 존재를 믿어요.

내가 보는 것마다 무엇인가 좋은 점을 찾아내요.

나는 천사의 존재를 믿어요.

나는 기회가 주어졌다고 생각되면 냇물을 건널 거예요.

나에게는 꿈이 있거든요. 나에게는 꿈과 환상이 있어요.

이런 것들은 현실을 극복하는 데 도움이 되어줘요.

반면에 목적지가 분명할 때 어둠 속을 헤매고 가야할 길이 많지만

나는 천사의 존재를 믿어요.

내가 보는 것마다 무엇인가 좋은 점을 찾아내요.

나는 천사의 존재를 믿어요.

나는 기회가 주어졌다고 생각되면 냇물을 건널 거예요.

나에게는 꿈이 있거든요.

냇물을 건널 거예요. 나에게는 꿈이 있거든요.

빨간색 단복을 입은 합창단 아이들이 객석을 가로질러 무대로 등장하였다. 합창단 아이들이 객석에서 노래를 부르면서 등장하자 관객들은 더욱 흥미롭고 신기해했다. 합창단 아이들은 각자 다른 문으로 입장을 했지만 무대 위에 올라가서는 재빨리 자리를 찾아 정확하게 대열을 맞췄다.

조명 때문인지, 아니면 합창단 아이들의 표정 때문인지, 무대가 금가루를 뿌려놓은 듯 화사하게 빛났다. 공연이 진행될수록 합창단 아이들은 무대를 즐기듯 밝은 얼굴로 노래를 부르고, 악기를 연주했다.

"sing ♪ sing a song , sing out loud ♪"

예솔이에게는 황홀한 경험이었다. 예솔이는 자신이 무대 위에서 행복하게 노래 부르는 모습을 상상해봤다.

'나도 저렇게 할 수 있다면 얼마나 좋을까?'

예솔이는 자기도 모르게 속삭였다.

Sing

Sing, sing a song
Sing out loud
Sing out strong
Sing of good things not bad
Sing of happy not sad
Sing, sing a song
Make it simple to last Your whole life long
Don't worry that it's not Good enough for anyone else to hear
Just sing, sing a song
La la la la

노래해요 

노래해요.

큰 소리로 노래해요.

힘차게 노래해요.

나쁘지 않은 좋은 것만 노래해요.

슬프지 않은 행복한 것만 노래해요.

노래해요.

삶을 오래도록 즐기려면 진실한 마음으로 노래해요.

다른 이에게 어떻게 들리는지 걱정 따윈 하지 말아요.

그저 노래만 해요. 노래를 불러요.

라 라 라 라

🎼 베네수엘라의 엘 시스테마 🎵

베네수엘라 청소년 오케스트라가 우리나라를 방문했습니다. 이들은 불과 얼마 전까지만 해도 어려운 환경에서 제대로 된 교육을 받지 못했던 아이들이었지요. 빈민가에 살면서 술과 마약을 팔기도 했던 그들의 손에는 지금 트럼펫, 바이올린, 지휘봉이 들려 있습니다. 더 이상 쓰레기와 마약, 무기가 아닌 음악을 연주할 악기들이 손에 들려 있는 것입니다.

이 아이들의 작은 손에 음악이라는 희망을 가져다 준 것은 무엇이었을까요?

그것은 바로 엘 시스테마라는 문화 사업이었습니다. 베네수엘라의 이 사업은 학자이자 음악가인 '호세 안토니오 아브루'라는 사람이 수도 카라카스에서 처음 시작했는데요, 그는 '음악은 만인의 것'이라는 꿈을 실현하기 위해 학교 교육과 부모의 관심에서 벗어난 아이들에게 무료로 악기를 빌려주고 음악 공부를 가르쳤어요. 그 결과 현재는 200개가 넘는 청소년 오케스트라에서 아이들이 미래에 대한 희망을 스스로 만들어가고 있습니다. 이 문화 사업을 계기로 음악은 부유층만을 위한 고상한 취미라는 인식이 깨졌고, 이 사업은 30년이 넘도록 많은 이들에게 사랑을 받으며 지금까지 지속되고 있습니다.

음악 교육을 시작한 이후로 베네수엘라에는 엄청난 변화가 일어났습니다. 30년 만에 베네수엘라의 청소년 범죄율이 40%나 줄어드는 기적이 일어난 것이지요. 단순히 음악 교육을 했을 뿐인데 아이들은 음악이라는 울타리 안에서 보호를 받고, 사회를 배웠던 것입니다. 더 나아가 엘 시스테마에서 교육받은 25만 명의 아이들이 자신이 누린 음악을 다른 아이들에게 전하기 위해 적극적으로 활동하고 있다는 사실은 지켜보는 이들의 마음을 감동시키고 있습니다.

월드비전 선명회 합창단 ★

월드비전은 「꽃으로도 때리지 마라」의 저자인 영화배우 김혜자와 「바람의 딸, 걸어서 지구 세 바퀴 반」이라는 책으로 유명한 한비야가 활동하는 단체로도 잘 알려진 국제 구호개발기구입니다. 월드비전이라는 단체가 처음 만들어진 것은 60여 년 전입니다. 1950년 6월 25일, 우리나라에서 한국전쟁이 일어났습니다. 수많은 사람이 죽고 가족을 잃었지요. 그 중에는 부모가 죽거나 전쟁 상황에 부모를 잃어버린 아이들도 무수히 많았습니다. 이렇게 전쟁으로 가족을 잃어 갈 곳이 없는 아이들을 모아 만든 합창단이 바로 월드비전 선명회 합창단입니다. 그때부터 월드비전 선명회 합창단의 아이들은 세계에서 받은 사랑을 아름다운 하모니로 노래했습니다.

　지금은 갈 곳 없는 아이들로 이루어진 합창단이 아닌, 우수한 선생님들에게 음악 교육을 받고, 매년 수차례 해외 연주 활동을 다니는 국내 최고의 어린이 합창단으로 자리매김하고 있습니다. 메트로폴리탄의 주역 가수인 '홍혜경'과 한국이 낳은 세계적인 카운터 테너 '이동규'가 이 합창단 출신인데요, 월드비전 선명회 합창단은 그 외에도 수많은 음악가를 배출해냈습니다. 세계의 복지를 위해 만들어진 단체인 만큼 이 합창단의 연주 활동으로 번 수익은 모두 국제구호를 위해 쓰입니다.

60년이 지난 지금까지도 합창단의 노랫소리가 계속될 수 있는 원동력은 무엇일까요?

그 답은 아이들의 기도 속에 있었습니다. 월드비전 선명회 합창단은 연습을 시작할 때와 연습이 끝날 때, 그리고 연주에 들어가기 전 항상 다음과 같은 기도를 한다고 해요.

"내가 부르는 노래가 세상의 어려운 친구들에게 도움이 되고, 이 노래를 듣고 더 많은 사람들이 사랑을 전달하는 일에 동참할 수 있도록 해주세요."

월드비전 선명회 합창단을 지금까지 이끌어 온 것은 바로 사랑을 전달하는 합창단이라는 사명감입니다. 세계인의 관심과 사랑으로 생긴 단체이고, 이제는 자기보다 더 어려운 이웃을 위해 재능을 사용하겠다는 마음이 합창단 어린이들의 마음속 깊은 곳에 자리 잡고 있는 것입니다.

공연 1부가 끝나고 쉬는 시간에 사람들은 공연장 밖 로비로 나와 음료

수를 마시거나 화장실에 들렀다. 예솔이는 자리에 앉아서 아까 읽다만

팸플릿의 나머지 부분을 읽어보았다.

'프리마돈나, 조수민. 라라 초등학교?'

팸플릿에 나온 사진 밑에 라라 초등학교라는 글씨가 선명하게 보였

다. 바로 다음 순서에 나오는 소프라노 조수민이 예솔이네 학교 선배였

던 것이다. 그리고 보니 얼마 전 엄마에게서 어느 성악가가 방송에서 예

솔이네 학교 은사님을 찾았다는 이야기를 들은 게 생각이 났다.

'아, 그 이탈리아에서 돌아왔다는 성악가가 이 분인가 보다.'

'뎅, 뎅, 뎅'

휴식 시간이 끝나는 종소리가 울리자 사람들은 서둘러 자리에 앉았다. 모든 조명이 꺼지고, 객석이 조용해지자 바로 무대 위의 조명이 켜졌다. 요란한 박수 소리와 함께 여기저기서 조용한 탄성이 쏟아져 나왔다. 휘파람을 부는 사람도 있었다.

화려한 드레스를 입은 프리마돈나 조수민이 당당하게 등장했다. 그 모습은 마치 기품 있는 공작새 같았다. 그녀의 당당함이 무대 전체를 가득 채웠다. 무대 중앙에 선 그녀는 청중을 향해 우아하게 인사를 했다. 그리고 지휘자 선생님과 악수를 하며 눈으로 인사를 나눴다. 그녀의 행동 하나하나에 사람들은 온 신경을 집중했다. 그리고 드디어, 노래가 시작됐다.

"산 넘어 남촌에는 ♪ 누가 살길래 ♪"

본 공연이 들어가자 그녀의 노래는 더욱 빛이 났다. 그녀는 한 곡 한 곡 완벽하게 다른 모습으로 변신해가며 청중의 가슴을 뛰게 만들었다. 사랑에 빠진 여인의 모습을 그릴 때면 너무나 사랑스러운 표정으로 노래를 불렀다. 또, 이품을 노래할 때는 가슴이 찢어지는 듯 슬픈 표정으

로 노래를 했다. 공연장에 있는 모든 사람이 그녀의 노래에 푹 빠져 있었다.

"브라바*! 브라바!"

"앙코르! 앙코르!"

조수민의 공연이 끝나자 사람들은 기립박수를 보냈다. 사람들이 외치는 앙코르에 그녀는 환한 표정과 인사로 화답했다.

'진짜, 대단해.'

예솔이도 덩달아 일어서서 박수를 쳤다. 친구들이 알아볼까 하는 걱정은커녕 조수민의 무대에 흠뻑 빠져서 사람들과 함께 힘껏 앙코르를 외쳤다.

예솔이는 프리마돈나 조수민이 이렇게 완벽한 연기와 노래를 하는 건 특별한 능력을 타고났기 때문이라고 생각했다.

'아마 저 분은 우리와 다른 세계의 사람일 거야.'

예솔이는 지금 무대에 서 있는 사람이 자신이라고 상상해보았다. 생각만 해도 짜릿하고 행복했다.

★ 브라보(Bravo)는 남자에게, 브라바(Brava)는 여자에게, 브라비(Bravi)는 여러사람일 때 쓰이는 말로 '잘한다', '좋다'의 의미에요.

공연이 끝나자 관객들은 썰물처럼 빠져나가고 예술의 전당은 텅 비었다. 예솔이는 차가 막혀 조금 늦게 도착하신다는 부모님의 전화를 받았다. 전화를 받은 지 한참이 지났지만 부모님은 아직 오지 않으셨다. 예솔이는 대기실 쪽을 바라보면서 생각했다.

'공연을 했던 사람들도 모두 집으로 갔겠지?'

그때, 누군가 예솔이의 앞을 지나갔다. 그런데 그 사람은 놀랍게도 성악가 조수민이었다. 그녀는 혼자 있는 예솔이를 보고는 가까이 다가왔다.

"어? 얘야, 왜 여기에 혼자 있니?"

"저, 그게……."

"길을 잃어버린 거니?"

"아, 아니요. 그냥."

"누굴 기다리는 중이니?"

"네, 부모님이요."

"그래, 그럼 다행이다. 그런데 이렇게 텅 빈 곳에 혼자 있으면 무섭지 않아? 내가 부모님이 올 때까지 같이 있어 줄까? 넌 이름이 뭐니?"

"김, 예, 솔이요."

“예솔, 예솔이 참 예쁜 이름이구나. 지금 공연을 보고 나온 거니?”

“네. 선, 배, 님.”

“응?”

“네, 공연 멋……있으셨……어요. 선배님.”

“어머, 예솔이 혹시 라라 초등학교 다니고 있니?”

“네, 저…… 선배님이라고 불러도 되죠?”

“물론이지. 와, 정말 반가운걸. 이렇게 귀여운 친구가 내 후배라니.”

“헤헤, 고맙습니다.”

“오늘 공연에는 예솔이와 비슷한 또래의 친구들이 많이 나왔는데, 재미있었니?”

“네, 정말 대단했어요. 큰 무대 위에서…… 저와는 다른…… 세계의 친구들 같이 느껴졌어요.”

“호호호, 다른 세계? 왜, 예솔이도 잘할 수 있을 것 같은데.”

“아니에요, 전…… 같은 반 친구들 앞에서 말도 잘하지 못하는데, 노래라뇨.”

“음, 예솔이가 그런 고민이 있었구나? 나도 그런 어려움이 있었어.”

“정말요?”

조수민은 추억에 잠긴 듯 이야기를 이어갔다.

“어렸을 때 나는 아주 조용한 아이였어. 반 친구들조차 내가 있는지 없는지 모를 만큼 투명인간 같은 존재였지. 그래서 언제나 나는 외톨이었단다.”

“아…… 그러셨구나.”

항상 당당했을 것 같은 수민 선배에게 그런 모습이 있었다는 이야기에 예솔이는 놀랐다.

“훗, 하지만 그렇게 학창 시절을 보내긴 싫었어. 그래서 나를 자신 있게 표현하는 방법을 찾기 시작했지.”

“표현하는 방법이요?”

“응. 만약에 그때 나를 표현하는 방법에 대해 고민하지 않았다면 지금의 나는 없었을지도 몰라.”

수민 선배는 그때 일을 기억하고 싶지 않다는 듯이 눈을 찡그렸다.

“그런데, 어떻게 그걸 극복하셨어요?”

예솔이는 초롱초롱한 눈으로 수민 선배의 이야기에 귀를 기울였다.

“사람들은 살면서 많은 감정을 느낀단다. 즐겁고 행복할 때도 있지만 때로는 마음대로 되지 않는 현실에 화가 나거나 짜증이 날 때도 있지. 그리고 가난하거나 위험한 환경에서 살다 보면 세상에 대해 좋지 않은 감정을 품을 수도 있어. 나도 처음에는 잘못한 것도 없는데 왜 자꾸 친구들과 어색해지는지 속상하기도 하고, 이런 힘든 학교생활을 계속해야 하는지 마음속에 불만이 생기기도 했어. 다른 사람들을 탓하며 내 상황을 비관한 거지. 하지만 모든 사람이 마음속에 있는 안 좋은 감정을 폭력이나, 직설적인 말로 표현한다면 어떻게 될까? 또는 아무하고도 말을 하지 않는다면? 아마 서로의 직설적인 말에 상처를 받고, 시기와 질투가 많아지고, 기쁨의 순간이 너무 무미건조하게 지나가 버릴 수도 있을 거야. 그래서 나는 이렇게 다양한 감정들을 아름답게 표현하는 방법을 찾아냈어. 그게 뭔지 아니? 바로 노래야. 나는 노래를 불러서 사랑을 표현하기도 하고, 아픈 마음을 위로받기도 했어. 내 감정을 노래라는 도구를 이용해 표현하면서, 그 활동을 예술적으로 더욱 발전시켜 나갔단다. 결국 나는 노래를 통해 매력적인 모습으로 친구들에게 다가가게 된 거지.”

“와, 선배님은 처음부터 노래도 잘하시고, 당당했을 거라고 생각했어요. 하지만…… 노래처럼 특별한 능력은 아무에게나 주어지는 게 아니잖아요?”

“호호호, 그렇지 않아. 사람들은 ‘나는 음치야. 나는 박치야’라고 쉽게 말하곤 해. 하지만 보통 사람 중 16퍼센트는 평균 이상, 68퍼센트가 평균, 그리고 단 16퍼센트만이 평균 이하의 음악 적성을 가지고 있다는

악기가 없어도 정확한 음정, 절대음감

절대음감은 하나의 기준이 되는 음이 없는 상태에서 어떤 음이든지 알 수 있는 음에 대한 감각을 말합니다. 즉, 어떤 음을 들었을 때 정확하게 피아노에 있는 계이름으로 말할 수 있는 능력이죠. 절대음감이 있으면 악기가 없는 상황에서도 정확한 음정으로 노래를 부를 수 있습니다. 이러한 절대음감은 주로 어릴 때 피아노나 바이올린 등의 악기를 배우는 동안 자기도 모르는 사이에 생기게 됩니다.

것 알고 있니? 평균 이하인 16퍼센트를 제외한 84퍼센트의 사람들이 음악 적성을 가지고 태어났다는 말이야. 그리고 음악 교육을 꾸준히 받으면 음악 적성도 더 좋아질 수 있어. 그러니 평균 이하인 16퍼센트의 사람들도 열심히 연습하면 음악 적성을 기를 수 있다는 것이지. 천부적인 조율(음을 표준음에 맞춤) 능력으로 알려진 절대음감도 몇몇의 타고난 사람들을 제외하고는 어렸을 때부터 꾸준히 피아노를 배웠거나 음악적인 환경에 많이 노출된 사람이라면 가질 수 있는 능력이라고 밝혀졌어. 이처럼 많은 사람이 자신은 노래를 못한다고 생각하지만, 도레미파솔

라시도 같은 계이름을 자주 접하거나 시작하는 박자를 놓치는 것만 고쳐도 훨씬 노래를 부르는 게 편해진단다.”

“그럼 가수나 성악가들이 처음부터 특별한 능력을 가지고 태어난 게 아니었네요?”

“그래, 사람들은 음악을 전공하는 사람들이 모두 특별한 목소리를 타고났을 거라고 생각을 하지. 하지만 모든 성악가나 가수가 처음부터 노래 실력이 아주 남달랐던 것은 아니야. 교내 합창단에서 노래를 하게 되었다거나, 학급에서 노래를 잘해서 노래를 배우게 되었다는 등 보통은 아주 사소한 이유로 노래를 시작하게 되지. 내가 노래를 부르기 시작한 것도 집에서부터였어. 부모님 앞에서 노래를 부르면 부모님은 내 노래가 썩 훌륭하지 않더라도 항상 칭찬을 하시며 용기를 주셨지. 그런 작은 경험이 노래를 해야겠다고 결심하게 된 가장 중요한 이유가 되고, 늘 행복한 감정을 마음에 품을 수 있는 능력으로 발전한 거란다.”

수민 선배는 말을 계속 이어갔다.

“장윤주라는 모델을 아니? 세계적으로도 인정받는 모델인데 노래 부르기를 좋아해서 초등학교 때부터 중학교 때까지 교회에서 성가대 활동을 했어. 그리고 어렸을 때의 그 경험을 살려서 자신이 만든 노래로 앨범을 내기도 했단다. 자신이 하는 일에서 최고가 되었지만 노래라는 활력소를 통해 더욱 풍요로운 삶을 살고 있는 거지.”

“정말 대단해요. 노래를 잘하는 패션모델, 노래를 잘하는 선생님, 의사, 사업가…… 어떤 직업을 가져도 멋있어 보여요. 저도 그런 사람이 될 수 있을까요?”

“호호호, 내가 보기엔 예솔이도 충분히 가능성이 있어.”

“저, 정말요?”

“아까 공연 때 무대에 선 나를 본 느낌이 어땠어? 내가 말해볼까? 아마 예솔이는 나를 쉽게 가까이 할 수 없는 사람으로 생각했을 거야. 그런데 그런 나에게 자기가 후배라고 먼저 이야기해줬잖아. 누군가에게 자신의 존재를 알리기 위해 용기를 내는 것, 이것은 사소한 일이지만 가장 중요한 일이야. 문제는 **표현력**을 기르는 방법에 있지. 그 방법을 알게 될수록 자신감이 조금씩 커질 거야.”

“그 방법이 뭔데요?”

수민 선배는 가방 속에서 색이 바랜 빨간색 노트를 꺼냈다.

기쁘고 슬픈, 내 감정을 나타내는 표현력!

표현력이란? 나를 아끼는 마음을 바탕으로, 나를 조절해서, 나를 나타내는 것을 말합니다.

화를 참거나 울음을 참는 것, 또는 기분 좋은 일이 있을 때 점잖게 행동하는 것을 사람들은 어른스럽다, 참을성이 좋다고 칭찬하곤 합니다. 하지만 스트레스를 받거나 화가 나 눈물이 날 때는 적당히 표현하는 게 몸에도 좋고 마음에도 좋아요. 적당한 자기표현은 스트레스를 없애 주고 생활의 즐거움을 주기 때문에 정신적으로 늘 건강한 삶을 유지할 수 있게 해줍니다. 그러려면 적절하게 감정을 표현하는 방법을 알아야 하겠지요?

표현력을 가지려면 먼저 자기 자신을 가치 있는 존재라고 생각해야 합니다. 그걸 자아 존중감이라고 하는데요, 자아 존중감은 스스로의 행동과 생각에 대해 긍정적인 평가를 내리면서 길러집니다. 자신이 능력 있고, 중요하고, 성공적이며, 가치 있는 사람이라는 믿음을 길러 나가는 것이지요.

하지만 자아 존중감만으로 표현력이 완성되지는 않습니다. 편안하게 나의 솔직한 감정을 표현하면서도 다른 사람에 대한 배려를 할 줄 알아야 합니다. 예를 들어서, 감정을 솔직하게 표현한다고 상대에게 윽박지르거나 지나친 접촉을 하면 안 되겠지요? 함께 어울려 사는 사회에서는 자신의 감정을 조절해서 표현해야 합니다.

　표현력을 기르려면 용기가 필요합니다. 어렸을 때부터 소심한 사람은 어른이 되어서도 대인관계가 위축될 수 있습니다. 갑자기 용기가 솟아나지는 않겠죠? 훈련을 통해서 작은 용기들을 가져보는 경험을 쌓아야 해요. 이러한 성공적인 경험, 기억들이 모여서 큰 용기를 가지는 데 도움이 된답니다. 누구나 마음속에 의지만 있다면 충분히 표현의 대가가 될 수 있어요.

■ 표현력의 힘 ■

표현력
(용기, 배려, 의지, 표현의 기술 등)

자존감　　　　　　　　　　　　　　다른 사람들의 반응
(자신에 대한 긍정적인 평가)　　　　　(긍정적으로 돌아오는 반응)

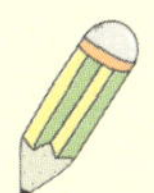 

노래는 나를 표현하는 최고의 도구~!

태어나서 노래를 한 번도 불러보지 않은 사람이 있을까요? 아마 없을 거예요. 누구나 기분이 좋으면 콧노래를 흥얼거리기도 하고, 좋아하는 가수의 노래를 따라 부르기도 하지요. 노래는 이렇게 일상생활에서도 나의 감정을 표현하는 도구가 됩니다. 노래는 표현력을 기르기 위한 최고의 도구가 될 수 있는데요, 그 이유를 지금부터 알려줄게요.

첫째, 노래로 나를 표현해요!

노래는 자기 표현력의 기초를 닦는 데 도움을 줍니다. 노래는 목소리를 이용하기 때문에 노래 연습을 하면 발성이나 발음 등을 자연스럽게 배울 수 있어요.

음악극, 즉 오페라가 발달하게 된 것은 마이크가 없던 중세 시절에 연극 무대 위에서 노래를 통해 대사를 전달하기 위해서였어요. 그때 오페라 배우들은 공간의 울림을 이용해서 객석 끝까지 노래는 물론이고 정확한 대사까지 전달했다고 합니다.

특히 그때 노랫말은 시를 인용하는 경우가 많아서 시의 구조를 여러 방법으로 표현했다고 해요. 음악의 강약을 조절하거나, 의미에 맞게 노래

앵커 김예솔

중 숨을 쉬는 곳을 배치해서 표현하기도 했습니다.

아나운서들도 리듬감을 가지고 말한다는 것을 알고 있나요? 설득력을 높이기 위해서인데요, 뉴스 진행에서도 리듬감이 없으면 전달력이 떨어진다고 합니다.

이처럼 표현력은 수없이 많은 시간을 연습해서 쌓아야 하는 능력이지만, 노래를 하다 보면 자연스럽게 배울 수 있습니다.

프랑스에서는 소외 계층을 위한 문화예술 교육을 실시했습니다. 예술가들과 10개월 동안 준비해 직접 오페라 무대에 서는 프로그램이었는데요, 이 프로그램에 참가한 67퍼센트의 사람들이 말하는 능력이 향상되고, 70퍼센트의 사람들은 다른 사람을 존중하게 되었어요. 그리고 75퍼센트의 사람들은 학습에 대한 동기가 생겼고, 80퍼센트의 사람들은 자신에 대한 긍정적인 평가를 내리게 되었습니다.

무대라는 정해진 공간에서 노래를 통해 나를 표현하면 큰 성취감을 느낄 수 있습니다. 노래 활동을 하다 보면 무대에 설 기회가 자주 생기는데, 작게는 학급에서 쉬는 시간이나 장기자랑 시간에 노래를 하기도 하고, 크게는 대회에 나가서 노래를 부르기도 합니다. 이렇게 노래를 통해서 무대 경험을 자주 쌓다 보면 자신감이 생겨 앞에 나가서 말을 하거나 다양하게 발표를 하는 데 큰 도움이 됩니다.

둘째, 노래를 하면 마음의 키가 자라요!

노래는 상대방과 나를 이해하는 데도 도움을 줍니다. 음악이 창의성과 감성지수, 즉 EQ 발달에 좋다는 것은 들어본 적 있나요? EQ란 사회적 지능의 한 부분인데, 감성 지능이라고도 해요. 이 감성 지능은 살아가는 데 큰 도움이 되죠.

영국 센트럴 랭커셔 대학교 파멜라 쿼터 박사 팀의 연구 결과를 보면 감성지수가 높은 학생은 현재 성적이 생각했던 것보다 낮아도 자신의 감

정을 조절할 수 있다고 해요. 이런 학생은 지금의 성적이 낮다고 화내거나 짜증내는 것이 아니라, 다음번에 더 좋은 성적을 받으려고 꾸준히 노력해서 결국 성적이 오르더라는 거죠. 반면, 감성지수가 낮은 학생은 한 번 좌절을 경험하면 감정 조절을 하지 못해서 성적 향상에 어려움을 겪는다고 해요.

예를 들어볼까요? 여기 두 명의 학생이 있습니다. 한 명은 EQ가 높은 학생이고 다른 한 명은 그렇지 않은 학생입니다. 그런데 이번 시험에서 이 학생들은 똑같이 성적이 20점씩 떨어지고 말았어요. 이때 누가 더 빨리 예전의 성적으로 회복할 수 있을까요?

그건 바로 EQ가 높은 학생입니다. EQ가 높은 학생은 그렇지 않은 학생보다 더 빨리 다시 목표를 세우고 도전할 수 있는 능력이 있었습니다.

이런 사람은 성적이 떨어진 이유를 가족 모임 때문이라든지, 친구가 노트를 일찍 안 빌려 줬다든지 등의 다른 사람 탓으로 돌리며 투덜대지 않아요. 지난번보다 더 노력하면 다음 시험에서는 좋은 성적을 받을 수 있다고 생각하고, 스스로 동기부여를 하는 능력이 있다는 얘기지요. 심지어는 같이 성적이 떨어진 친구의 마음을 위로해주고 함께 노력해서 학급의 성적에 도움이 되자는 제안을 할 수도 있어요. 이것은 EQ가 자기 자신의 상황을 깨닫고 조절하는 데 큰 도움을 주기 때문입니다.

또한 이런 사람은 다른 사람의 감정을 읽고 이것을 표현하는 능력에 뛰어나서, 다른 사람들과 다툼 없이 사이좋게 지낼 수 있어요. 이렇게 EQ를 개발하는 것은 즐거움뿐만 아니라 슬프고 아픈 감정까지도 받아들일 수 있는 마음을 길러줍니다.

그리고 음악 활동을 꾸준히 한 미국 학생들이 미국의 대학 입학 자격시험인 SAT의 성적이 높다는 연구 결과도 있어요. 학생들이 책상 앞에 앉아 있는 시간은 세계 최고 수준이면서도 학습 효율성은 OECD 30개 나라 중 24위에 불과한 우리나라가 배워야 할 부분이죠. 우리나라 교육이 지식 교육만 중요하게 여기기 때문에 이런 결과가 나온 게 아닌가 싶습니다.

셋째, 노래는 사랑을 전해요!

노래는 사회적인 효과를 내기도 합니다. 한 문화를 특징짓고, 지속시키고, 조화를 통해 사회성을 길러주기도 하지요. 또한 사회생활에 익숙지 못한 사람들에게 윤활유 역할을 해주고, 뿔뿔이 흩어진 사회를 하나로 묶어주기도 합니다. 음악은 만국 공통어이기 때문에 서로 다른 언어를 사용하는 사람들도 하나가 될 수 있습니다.

　밥 딜런, 존 레논 같은 음악가는 반전운동, 평화운동에 음악을 사용했어요. 노래의 가사로 사람들에게 희망을 준 것이지요. 이렇게 노래를 통해 사람들의 마음을 치료해주는 방법이 있습니다. 바로 음악 치료인데요, 최근에는 음악 치료에 대한 관심이 부쩍 높아지고 있는 것 같습니다. 음악 치료는 음악을 이용해서 마음을 편안한 상태로 만들거나 사람들과의 문제를 해결하고 사이좋게 지내기 위한 활동을 말해요.

　음악 치료는 제1차 세계대전 때 병원에서 부상병이나 포격에 충격을 받은 군인들의 사기를 높여주기 위해 모인 음악가들의 봉사에서 발달했다고 합니다. 음악 연구가인 작스는 노래 활동이 사람의 생각과 행동이 부딪히면서 나오는 표현이라고 말했어요. 세상의 경쟁과는 관계가 없기 때문에 누구에게도 피해를 주지 않고 충분히 우리의 감정을 순수하게 표현할 수 있다는 것이죠.

 **표현의 완성으로 가는 단계**

표현의 대가가 되는 데에는 단계가 있습니다. 일단 말하는 습관부터 고쳐야 해요. 우물거리면서 소심하게 말하는 것부터 말이죠. 그다음 자연스럽게 행동하면서 나를 표현하는 것을 익히고, 노래를 통해 사람들에게 자신의 매력을 보여주면 됩니다.

1. 목소리 : 자세, 호흡, 발성, 발음

2. 몸짓 : 내 행동 알아채기, 섬세한 행동 운동, 눈빛과 표정으로 말하기

3. 노래 : 음악의 기본을 익히고 곡을 배워서 발표할 기회 만들기

4. 자신감+의지 : 무대 매너 배우기, 무대 공포증 극복하기

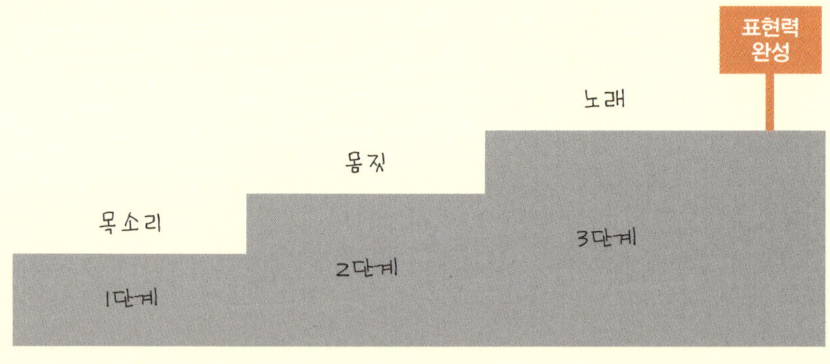

내 자아 존중감을 알아보자!

번호	질문 내용	1	2	3	4	5
1	나는 내가 적어도 다른 사람 만큼은 가치 있는 사람이라고 느낀다.					
2	나는 장점이 많다.					
3	대체로 나는 성공적인 활동을 하고 있다.					
4	나도 다른 사람들만큼 일을 잘할 수 있다.					
5	나는 자랑할 것이 많다.					
6	나는 나에 대해 긍정적인 태도를 가지고 있다.					
7	나는 나에 대해 대체적으로 만족한다.					
8	나는 생활하는 데 자신감이 있다.					
9	나는 필요한 사람이다.					
10	나는 능력 있는 사람이다.					

5점 매우 그렇다, 4점 약간 그렇다, 3점 보통이다,
2점 그렇지 않다, 1점 전혀 그렇지 않다

★ Rosenberg(1965)의 자아 존중감 척도를 초등학생의 표현에 알맞게 수정하였습니다.

42점 이상	5단계	자아 존중감이 높습니다. 긍정적인 생각도 많이 하고 있고, 목표를 이룰 수 있다는 자신감도 가득 차 있습니다.
34~41	4단계	자아 존중감이 높은 편이에요. 스스로에 대한 칭찬과 격려를 통해 마음을 잘 조절하고 있습니다.
26~33	3단계	자아 존중감이 보통의 수준이에요. 자아 존중감이 높은 사람일수록 긍정적인 연구 결과가 많이 있으니 조금 더 자신감을 가져도 좋을 것 같아요.
18~25	2단계	자아 존중감이 낮은 편이에요. 누구에게나 장점이 있고, 잘할 수 있는 것이 있어요. 놓치지 말고 작은 것부터 스스로에게 칭찬을 해 줘요.
10~17	1단계	SOS! 자아 존중감이 낮아요. 누구에게나 장점이 있어요. 그것이 아직 드러나지 않았을 뿐이에요. 적극적으로 나의 장점을 찾아보아요.

평소에 나는 나를 얼마나 표현할까?

번호	질문 내용	1	2	3	4	5
1	나는 말하고 싶은 것을 참기보다 표현할 때가 많다.					
2	나는 대화의 흐름을 이끌어 갈 수 있다.					

3	나는 이야기할 때 대화의 내용을 정확하게 알고 있다.					
4	나는 칭찬과 격려를 많이 한다.					
5	나는 예의바른 태도로 말한다.					
6	나는 나의 생각을 정확하게 이야기한다.					
7	나는 친한 사람에게도 그 사람의 감정을 배려한다.					
8	나는 친한 사람에게도 나의 행동에 대해 설명한다.					
9	나는 친한 사람에게도 양보한다.					
10	나는 대화할 때 상대방이 알아들을 수 있도록 또박또박 말한다.					
11	나는 용감하고 단호하게 말할 수 있다.					
12	나는 발표할 때 다른 사람들이 알아들을 수 있게 또박또박 말한다.					
13	내 말의 높낮이(억양)는 자연스럽고 부드럽다.					
14	나는 중간에 말을 끊지 않고, 유창하게 말할 수 있다.					
15	나는 망설이거나 주저하지 않고 나를 표현할 수 있다.					

번호	질문 내용	1	2	3	4	5
16	나는 서두르거나 조급해하지 않고 여유 있고, 차분하게 말한다.					
17	나는 부드러운 시선으로 상대방을 바라보며 말한다.					
18	나는 말을 할 때 상황에 알맞은 표정을 짓는다.					
19	나는 말하는 도중 손을 비비거나 발을 떨지 않고, 진지한 태도로 이야기한다.					
20	이야기할 때 내 몸은 굳어 있지 않고 자연스럽다.					

5점 항상 그렇다, **4점** 자주 그렇다, **3점** 가끔 그렇다,
2점 대체로 그렇지 않다, **1점** 거의 그렇지 않다

★ Rakos와 Schrocder의 주장 행동 척도(1980)를 초등학생의 표현에 알맞게 수정하였습니다.

80점 이상	표현력 대가	자기 표현력이 매우 좋아요. 자기 표현에 대한 확신이 있고 다른 사람에 대한 배려심도 있어요. 목표를 성취할 수 있는 자기 표현력을 가지고 있습니다.
66~88	표현력 고수	자기 표현력이 높은 편이에요. 정직하게 자신 표현을 하면서 스스로 향상시켜나가고 있습니다. 세상을 향한 따뜻한 꿈을 가지고 조금만 더 노력하면 원하는 목표를 성취하는 자기 표현력을 갖출 수 있어요.
51~65	표현력 보통	보통 수준의 자기 표현력을 가지고 있어요. 자신을 솔직하게 표현하기 위해 노력하고, 항상 다른 사람을 배려하겠다는 마음을 잊지 마세요.
36~50	표현력 초보	자기 표현력이 약한 편이에요. 간접적으로 표현을 하거나 다른 사람에 대한 배려가 부족할 때가 있네요. 뒤늦게 후회를 할 수 있으니 자기 표현력을 키우기 위해 열심히 노력해 봐요.
20~35	표현력 걸음마	자기 표현력이 약해요. 간접적으로 자신을 표현하고 다른 사람에 대한 배려가 부족합니다. 목표를 성취하지 못하면 뒤늦은 분노나 초조함을 가질 수도 있어요. 자기 표현력을 키우기 위해 적극적으로 노력해봐요.

내 목소리를 찾아 떠나는 여행

수민 선배의 이야기에 푹 빠져 시간 가는 줄도 모르고 있는데 어느새 부모님이 도착하셨다는 전화가 왔다. 전화를 끊고 나자 수민 선배는 빨간 노트 맨 뒷장에 연락처를 적어 예솔이에게 주었다.

"이 노트는 예솔이가 가져가. 그리고 시간이 날 때마다 꼼꼼히 읽어보렴. 다시 만나게 되면 그때 꼭 가져오고."

예솔이는 두 손에 빨간 노트를 꼭 쥐고 집으로 돌아왔다.

　예솔이네 집은 저녁 식사 후에는 항상 거실에 모여서 TV를 보거나, 과일을 먹으면서 대화를 나눈다. 이때에는 예솔이도 학교에서와는 다르게 말을 많이 한다. 예솔이는 저녁 식사를 마치고 거실로 나와 부모님 곁에 앉았다.

　"예솔아, 감상문은 다 썼니? 이번 주까지 제출하는 거지? 엄마가 도와 줄 건 없니?"

　엄마는 예솔이가 좋아하는 아삭한 배와 달콤한 모과차를 내오시면서 물어보셨다.

"네, 공연에 관한 설명은 다 정리했고요, 느낀 점은 마무리만 하면 돼요."

옆에서 TV를 보시던 아빠도 거들었다.

"그래, 예솔이 또래 친구들이 많이 나왔다고 했지? 요즘은 어린 친구들이 참 활동을 많이 하는 것 같더구나."

"TV에 나오는 연예인이나 무대 위에 있는 친구들을 보면 참 멋있어 보여요."

"엄마가 보기에도 저 친구들이 무대에서 노래하는 걸 보면 참 대단하다는 생각이 들어. 어린 나이에 긴장하지도 않고, 그렇지 않아요?"

"그래, 특히 저 허각이란 청년. 참 대단하지? 어려운 환경에서 환풍기 수리공으로 일했다지. 한국의 **폴 포츠**라는 얘기가 나오더라고."

"폴 포츠요? 저는 들어본 적 없는 위인인데, 그게 누구예요?"

"허허허, 위인? 글쎄 꿈을 이룬 사람이 위인이라면 폴 포츠도 위인이 될 수 있겠구나."

아빠에게 폴 포츠라는 오페라 가수의 이야기를 듣고 예솔이는 깊은 감명을 받았다.

"우와, 대단해요. 좌절이 있어도 꿈을 향해서 도전하는 폴 포츠……."

"예솔이도 그렇게 도전하고 싶은 꿈이 있니?"

휴대폰 판매원에서 세계적인 성악가가 된 폴 포츠!

폴 포츠는 어릴 때부터 어눌한 말투와 외모로 왕따를 당하면서 자랐습니다. 그러던 그는 열한 살 때 우연히 차이콥스키의 곡을 듣게 되었고, 클래식 음악에 관심을 갖기 시작했어요. 그 후 열여

섯 살 때에는 한 오페라 가수의 CD를 듣고 큰 감동을 받았는데, 그 뒤로 10년이 넘게 늘 음악을 듣고 노래를 따라 부르면서 오페라를 즐기게 되었답니다.

하지만 몇 차례의 큰 수술로 그는 노래를 계속할 수 없었고, 휴대폰 판매원 일을 하게 되었어요. 비록 힘든 상황이었지만 그는 노래에 대한 꿈을 접지 않았고, 결국 1999년에 영국 ITV의 노래 경연 프로그램에 출연해 8천 파운드(한화 약 1천 5백만 원)의 상금을 받게 되었습니다.

그 후로도 용기를 내 오페라 가수가 되기 위해 많은 오페라 회사의 문을 두드렸지만 사람들은 그를 차갑게 무시했어요. 그의 노래는 아름다웠지만 그의 외모는 노래만큼 아름답지 못했기 때문이죠. 그럼에

"네? 전…… 아직 잘 모르겠어요."

예술이는 그날 공연이 끝나고 수민 선배를 만났던 일을 말씀드릴까 하다가 그만두었다. 아직 빨간 노트조차 다 읽어보지 않았기 때문이다.

"허허허. 그래, 우리 예술이가 어떤 것을 하고 싶든지 아빠는 예술이를 믿고 항상 응원해줄게."

"그런데 저는 무언가 새로운 걸 시작할 때, 할까 말까 망설여지고 두렵기까지 해요."

"그래, 예술이가 어떤 마음인지 이해할 수 있을 것 같아. 하지만 실패를 두려워하다 보면 결국 어떤 것도 이룰 수 없는 사람이 될지도 몰라. 요즘 TV에서 오디션 프로그램이 많이 하지? 경쟁률도 엄청나고 자신이 최후의 1인이 될 거라는 보장도 없는데 왜 그렇게 많은 사람이 도전하는 걸까?"

"글쎄요, 그래도 어느 정도 자신이 있어서가 아닐까요?"

"아빠 생각에는 도전하는 과정을 통해 배울 수 있다는 걸 알기 때문인 것 같아. 사람들이 이런 오디션 프로그램을 좋아하는 것도 같은 이유지. 비록 우승을 하지는 못해도 자신의 꿈을 이루기 위해서 도전하는 용기에 박수를 보내는 거야. 꿈을 향해 노력하다 보면 그 과정을 통해 성장하고, 점점 더 그 꿈에 가까워져 가는 자신을 발견할 수 있단다. 만약에 예솔이가 뭔가를 하려고 할 때 용기가 나지 않는다면 아빠가 언제 어디에서라도 기를 보내줄게. 팍팍!"

아빠는 두 손바닥을 내밀며 도사님처럼 기를 넣어주는 시늉을 하셨다. 아빠와 대화를 나누고 있던 바로 그때, 프로그램을 진행하는 아나운서의 흥분된 목소리가 들려왔다.

"이 방송의 조연이 될 거라 말했던 청년이 기적을 만들었습니다. 경쟁률 134만대 1을 뚫고 허각 씨가 슈퍼스타 K2의 주인공이 되었는데요. 아, 지금 허각 씨는 감격의 눈물을 흘리고 있습니다. 허각 씨 한 말씀해 주시죠."

"흑흑, 저는…… 제 인생의 마지막 기회를…… 잡았어요."

그날 밤 예솔이의 머릿속에는 허각의 마지막 말이 계속해서 맴돌았다. 예솔이는 그동안 자신의 이야기를 당당하게 꺼내 본 적이 없었다. 마음이 흔들리기 시작했다. 어쩌면 수민 선배와 빨간 노트의 만남이 예솔에게 찾아온 마지막 기회일지도 모른다.

'그래, 기회는 다시 오지 않을지도 몰라.'

예솔이는 가슴속 깊은 곳에서 무언가 꿈틀대는 것을 느꼈다. 예솔이는 감상문에 공연을 통해 새로운 꿈을 꾸게 된 내용을 적었다. 수민 선배가 이야기한 용기를 내보기로 마음먹은 것이다.

수민 선배의 연습실은 라라 초등학교와 멀지 않은 곳에 있었다. 막상 이곳까지 오긴 했지만 예솔이의 표정은 밝지가 않다. 한 번도 이렇게 누군가에게 적극적으로 다가간 적이 없었기 때문이다.

'딩동♪ 딩동♪'

"어머, 예솔이. 잘 찾아 왔구나. 얼른 들어와."

"아, 네."

"저기에 잠깐 앉아 있어. 내가 음료수 가져다줄게."

친절하게 맞아주는 수민 선배 덕분에 예솔이의 걱정이 조금은 사라지는 것 같았다. 연습실은 화려하지는 않았지만 공연 사진과 악보, 책들로 가득했다. 그리고 왠지 분위기가 아늑했다. 중앙에는 커다란 피아노 한 대가 놓여 있었다. 연습실 옆에 딸린 다용도실에서 달그락, 달그락 마실 것을 준비하는 소리가 들렸다.

"찾아오기 힘들진 않았니?"

안쪽 다용도실에서 들리는 선배의 목소리는 또렷하고 분명하게 예솔이의 귀에 전달되었다.

"네, 학교에서도 가깝고……."

"자, 마셔. 연락하기까지 걱정이 많았지?"

수민 선배는 달콤한 꿀차를 예솔이 앞에 내려놓으며 말했다.

"그걸 어떻게 아셨어요?"

"예솔이는 고민을 많이 했겠지만, 나는 전화가 올 줄 알았어."

"어, 어떻게요?"

"예솔이에게서 절실함을 느꼈거든."

"그날 나를 아끼는 마음을 가져야 한다는 선배님의 말씀이 머리에서 떠나지 않았어요. 그래서 저도 저를 위해서 용기를 내야겠다는 마음을 먹었어요."

"그래, 바로 그거야. 사람은 누구나 특별한 존재야. 자신이 가진 능력을 세상에 아름답게 표현할 때, 비로소 그 존재가 빛을 낼 수 있는 거지."

예솔이는 선배의 말을 듣고 더욱 더 남들 앞에서 자신을 당당하게 표현하고 싶었다.

"네, 노력해볼게요."

"좋아. 예솔이는 제일 먼저 목소리를 내는 법부터 알아야 할 것 같아. 한 번 '아~' 하고 소리 내 볼래?"

"아~"

"자, 허리를 세우고 조금만 더 크게 해봐. 배에 힘을 주고 아~"

"아~"

"좋아. 멋진 소리를 낼 수 있는 가능성이 보이는데? 빨간 노트 가져왔지? 내가 하나하나 알려줄게."

목소리 훈련의 기본_좋은 자세를 배워보자!

좋은 목소리를 내기 위해서는 좋은 자세가 필수입니다. 몸의 각 기관들이 균형을 맞추고 있을 때, 자신의 목소리를 가장 정확하고 효과적으로 낼 수 있기 때문이지요.

요즘 학생들이 TV를 보고 컴퓨터를 사용하는 시간이 늘어나면서 자세가 안 좋아지는 일이 많아요. 어렸을 때 자세를 고치지 않으면 커서는 더욱 고치기가 힘들어진다는 걸 명심하세요.

잠깐 일어나서 다음 자세를 따라 해보세요.

- 머리와 목의 위치부터 시작해볼까요? 머리는 소리의 울림과 표현을 실행하는 부위입니다. 그래서 목에 힘을 풀고 자유롭게 머리를 지탱해줘야 자연스러운 소리를 낼 수 있어요. 눈의 방향은 앞을 보면서 정면에서 약 15도 정도 위를 향하게 하고 편안한 표정을 지어줍니다.
- 가슴은 당당하게 펴주고, 어깨는 편안하게 내려주는데 이때, 어깨가 양 옆으로 펴진다는 상상을 해주면 좋아요.
- 팔은 자연스럽고 자유롭게 해주는 것이 중요해요. 손을 많이 움직이면 산만해 보이기 때문에 양 옆에 자연스럽게 놓아주면 됩니다.

- 혹시 평상시 책을 읽을 때나 걸어 다닐 때 허리를 구부정하게 하고 있지는 않나요? 성장기에는 허리를 항상 곧게 펴주는 것이 중요해요. 지금 한 번 키가 커보이도록 허리를 꼿꼿이 펴보세요.

- 서 있는 자세에서는 엉덩이의 위치도 중요해요. 자세가 잘못되어서 엉덩이가 뒤로 나오는 경우가 있는데, 거울을 보고 발부터 머리까지 일직선이 되도록 해보세요. 아랫배는 살짝 집어넣고 엉덩이는 조여 주면서 엉덩이를 올려주면 됩니다.

- 다리는 몸의 무게를 지지하듯이 유연성 있게 유지해야 해요. 특히 무

룐은 딱딱하게 고정되어 있지 않아야 하고요. 마치 스키 부츠를 신었을 때처럼 유연한 긴장감을 준다고 생각하면 돼요. 일어서 있을 때는 한쪽 다리가 약간 앞으로 나오게 서는 것도 좋아요.

- 우리의 몸을 나무라고 생각해보면 나무의 뿌리에 해당하는 부위는 어디일까요? 바로 발입니다. 나무의 뿌리는 땅속에 깊숙이 자리 잡고 있죠? 그것처럼 발이 땅속 깊이 자리 잡고 있다고 상상해보세요. 발 볼쪽으로 체중을 실어준다는 기분으로 두 다리의 간격은 너무 넓지 않게 해보세요. 어떤 방향에서 툭 건드려도 넘어지지 않을 정도로 받쳐준다고 생각하면 됩니다.

여기까지 모두 지켜야 올바른 자세라고 할 수 있습니다. 너무 복잡하고 어렵다고요? 그럼 간단하게 확인하는 방법이 있어요. 벽에 기대서 몸을 쫙 펴보는 연습을 해보세요. 학교 운동장에 있는 이순신 장군 동상처럼 당당하게 몸을 열어주는 것이죠.

그렇다면 학교에서 앉아 있을 때는 어떻게 할까요? 앉았을 때는 허리를 바로 세우는 것이 가장 중요해요. 배를 약간 당겨주면 허리를 세웠을 때 훨씬 효과적입니다. 그리고 틈틈이 일어나서 스트레칭을 해주면 키도 쑥쑥 자라고 허리에 무리가 안 가서 몸의 균형도 잘 맞게 됩니다.

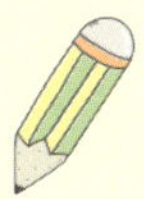

좋은 자세를 위한 운동

이제 좋은 자세를 위한 간단한 운동을 소개할게요.

머리 돌리기 – 머리를 위 아래로 5초씩 두 번 움직이고, 좌·우를 바라보며 똑같이 5초씩 두 번 움직여서 목의 긴장감을 풀어줍니다. 그다음 오른쪽으로 3번, 왼쪽으로 3번 돌려줍니다. 이때 중요한 건 천천히 목을 돌리는 거예요. 천천히 돌리는 동안 목의 근육이 충분히 풀릴 수 있어야 해요.

어깨 돌리기 – 생각보다 어깨에 힘이 잔뜩 들어간 사람들이 많습니다. 어깨에 힘이 들어가면 보기에도 안 좋고, 뻣뻣하고 힘이 들어간 소리가 나기도 해요. 양손 끝을 어깨에 자연스럽게 올리고 앞으로 5번, 뒤로도 5번 돌려줍니다. 그다음 양손을 깍지 끼고 머리 위로 쭉 올리다가 한 번에 툭 하고 떨어뜨립니다.

팔 다리 털기 – 양 팔을 털어주는 동시에 다리를 앞으로 차듯이 번갈아 가면서 털어줍니다.

가볍게 뛰기 – 너무 높이 뛰려고 하지 말고 가볍게 제자리에서 뛰어줍니다. 이렇게 10~20번 정도 제자리에서 뛰어주면 온몸의 긴장감이 풀리게 됩니다.

옆 친구와 팔 부딪히기 – 옆에 있는 친구와 서로 마주보고 선 다음 가볍

게 손을 부딪쳐보세요. 이때 중요한 것은 상대방을 밀어서 넘어뜨리는 것

이 아니라, 같은 힘으로 밀어주면서 몸의 균형을 맞추는 거예요. 그리고

친구와 등을 맞대고 똑같은 힘으로 밀어주는 것도 몸의 균형을 맞추는 데 도움을 준답니다.

등 맞대고 몸 늘리기 – 친구와 등을 맞대고 선 다음 서로 팔을 깍지 끼고 한 명씩 앞으로 몸을 숙여서 상대방의 몸을 늘려줍니다. 번갈아 가면서 2번씩 합니다. 혼자일 경우에는 몸을 앞뒤로 구부리면서 몸을 쭉쭉 늘려주면 됩니다.

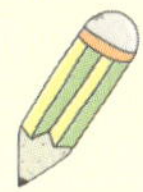 ## 노래는 배로 부르는 거래요!

숨쉬기, 즉 호흡에도 좋은 호흡과 좋지 않은 호흡이 있어요. 좋은 호흡은 안정성, 규칙성, 유연성을 갖춘 호흡이죠. 안정성은 호흡이 위로 떠 있지 않고 차분하게 가라앉아서 안정적인 상태에 있는 것을 말해요.

그리고 규칙성은 일정하고 규칙적으로 뿜어내는 호흡이지요. 마지막으로 유연성은 목과 가슴에 힘을 주지 않은 편안하고 유연한 상태의 호흡을 말합니다. 이런 좋은 호흡을 사용하기 위해서는 복식호흡을 할 줄 알아야 해요.

복식호흡이 뭐냐고요? 복식호흡의 복(腹)은 배를 뜻하는 한자어에요. 그렇다면 어디를 사용한 호흡일까요? 맞아요. 복식호흡은 바로 우리 몸의 중심인 배를 사용하는 호흡입니다. 숨을 들이마시고 내뱉으면서, 배를 왔다갔다하면서 호흡을 하는 게 복식호흡이죠. 노래를 할 때는 주로 복식호흡을 사용해요. 복식호흡을 해야만 성량도 풍부해지고 건강한 목소리를 낼 수 있기 때문이죠. 더욱이 복식호흡은 뇌에 산소 공급을 원활하게 해주어 지능 발달에도 도움이 됩니다. 그럼 이제 복식호흡을 하는 방법을 알아볼까요?

우선 얼굴을 활짝 펴봐요. 그리고 마치 향기로운 꽃향기를 맡듯이 행복한 표정으로 숨을 마십니다. 아주 깊고 조용하게요. 가슴이 답답해지거나 위로 올라가지 않도록 턱은 약간 당겨주는 것이 좋아요. 이때 배를 풍선을 불 때처럼 왔다갔다 움직여 주는데, 숨을 들이마실 때는 갈비뼈가 우산이 펴지듯이 확장돼야 해요. 만약 가슴이 답답하거나 위로 올라갔다면 바른 호흡이 아닙니다.

숨을 내쉴 때에는 입 주변과 목에 힘을 빼고 자연스럽게 입술 밖으로 숨을 빼줘야 해요. 어때요? 배가 잘 움직여지나요? 만약에 잘 느껴지지 않는다면 갈비뼈 아래 부분의 배를 활짝 편다고 상상해보세요.

이제 복식호흡을 체계적으로 연습해봐요.

호흡 내리기

코로 조용하게, 향긋한 꽃향기를 맡을 때처럼 마십니다. 이때 어깨나 가슴이 올라가지 않고 배가 볼록하게 나와야 해요. 2초간 유지한 후 '후~' 하며 입으로 한 번에 내쉽니다.

입으로 '히' 하면서 배 앞쪽을 내밀면서 호흡을 마십니다. 그 호흡을 유지

한 채로 '헤' 하면서 배 옆쪽을 늘려주면서 다시 호흡을 마십니다.

마지막으로 '허' 하면서 배 뒤쪽이 팽창되게 호흡을 마신 다음에 2초간

유지한 후 '후~' 하며 입으로 한 번에 내쉽니다. 이렇게 하면 몸에 호흡

이 가득 차는 연습을 할 수 있습니다.

박자에 맞추어서 하는 호흡 연습입니

다. 앞니 사이로 '스~'하며 호흡을 빼

내주세요.

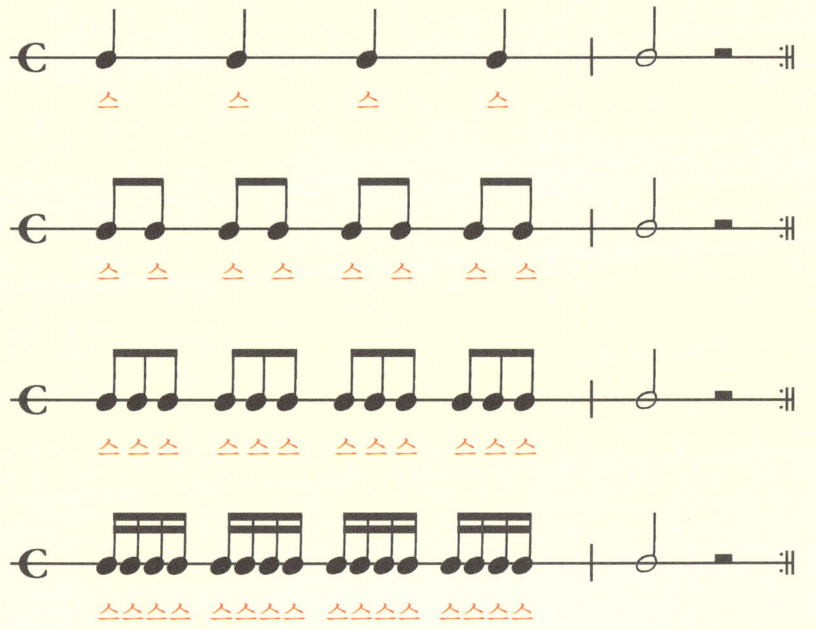

깊은 호흡 마시기

호흡을 최대한으로 많이 마시는 연습입니다. 우선 내 몸에 있는 숨을 모두 내쉰 다음, 짧은 시간에 최대한으로 숨을 깊이 들이마십니다. 그런 다음 '스~' 소리를 내면서 모든 숨을 빼냅니다. 이렇게 3번을 반복하면 호흡이 우리 몸 속 깊은 곳까지 들어가게 됩니다.

복식호흡을 위한 운동도 있습니다. 우선 편안하게 눕습니다. 그런 다음 4박자 동안 숨을 들이 마시면서 허리와 다리가 직각이 되도록 다리를 들어 올립니다. 이 자세를 2박자 정도 버틴 후에 8박자를 세면서 '스~' 소리와 함께 다리를 내립니다.

배가 많이 당기지요? 처음에는 많이 힘들지만 꾸준히 반복하다 보면 점점 뱃심이 길러지면서 길고 안정적인 호흡을 사용할 수 있게 돼요. 이 연습을 할 때도 목에 힘이 들어가서는 안 돼요. 목이 아닌 뱃심으로 운동하는 것을 잊지 마세요.

  이렇게 복식호흡을 잘 연습해놓으면 목소리가 안정되고 목에 무리를 주지 않고도 우렁찬 목소리를 낼 수 있어요. 처음에는 3번을 반복하고 점차 그 횟수를 늘려가서 나중에는 8번을 쉬지 않고 할 수 있으면 충분합니다.

내 호흡을 확인해보자!

내가 복식호흡을 제대로 하고 있는지 잘 모르겠다고요? 그럼 다음 질문으로 확인해보세요. 모두 Yes가 되어야만 정확한 복식호흡을 제대로 하고 있는 것입니다.

질문 내용	Yes	No
호흡이 들어갈 때 얼굴이 활짝 열리는가?		
배가 볼록해졌다 오목해졌다 하며 움직이는가?		
가슴, 어깨가 위로 올라가지 않는가?		
두 다리가 모두 안정적으로 몸을 지지해주고 있는가?		
빠른 호흡에서는 배가 활발하게 튕겨지는가?		

언제부터인가 예솔이의 손에는 항상 빨간 노트가 들려 있다. 예솔이는 빨간 노트가 가르쳐준 대로 항상 바르게 앉으려고 노력하고 호흡 연습도 열심히 했다. 자신감 없이 구부정하던 어깨도 이제 제법 꼿꼿이 세워졌다. 허리만 꼿꼿이 폈을 뿐인데, 얼마 전에는 예솔이가 키가 큰 것 같다며 담임 선생님이 자리를 뒤로 세 칸이나 옮겨 주셨다. 자리가 바뀐 만큼 자신감도 커지는 것 같았다.

오늘도 예솔이는 점심을 먹고 자리에 앉아서 호흡 연습을 하고 있다.

특히 오늘은 수민 선배와 만나는 날이라 더욱 열심이다.

"웅얼이, 뭐하냐? 만날 낡은 노트나 가지고 다니면서 배만 쳐다보고."

까불이 윤호가 시비를 걸었다. 윤호는 성격도 활달하고 친구들과 잘 어울리는데 가끔 심하게 장난을 칠 때가 있다. 지난번에 서연이가 예쁘게 갈래머리를 하고 왔을 때는 머리 끈을 잡아채서 울린 적도 있다.

"야야 웅얼이, 대체 이 노트가 뭔데 매일 가지고 다니는 거야? 어디 한번 보자!"

"야, 김예솔! 어디 나도 한번 보자."

덩달아 준석이까지 거들기 시작했다. 반 애들도 몇몇이 낄낄대며 그 광경을 쳐다보고 있었다.

"하, 하지마……."

"뭐라고? 웅얼이. 말도 만날 웅얼웅얼 거리면서……."

급기야, 윤호가 예솔이의 빨간 노트를 빼앗으려다가 책상 위에 있던 노트와 연필들을 어질렀다. 예솔이가 벌떡 일어나면서 소리쳤다.

"너희, 그만두지 못해? 내 책상을 어지르지 말란 말이야!"

순간, 아이들은 하던 행동을 멈추고 예솔이를 쳐다봤다. 왁자지껄하던 교실이 물을 끼얹은 듯 조용해졌다. 크게 소리 지른 것은 아니지만 모두 예솔이의 단호하고 명확한 목소리에 놀란 것이다.

“어? 어, 그래. 야, 준석아 나가자.”

윤호와 준석이가 슬금슬금 교실 밖으로 나갔다. 예솔이도 그제야 자리에 앉았다. 표정에 나타나지는 않았지만 예솔이도 속으로는 많이 놀랐다. 수민 선배가 알려준 호흡법이 정말 효과가 있는 듯 했다.

점심시간이 지나고 국어 시간이 되었다. 국어 시간에는 책을 잘 읽으면 선생님께서 태도 점수를 주셨다. 하지만 아이들은 대부분 국어 시간의 책 읽기를 싫어했다. 아이들이 집중하고 있는데다가 조용한 교실에 자기 목소리만 울려 퍼지기 때문이다. 아이들은 책 읽기를 시킬까 봐 선생님의 눈을 피했다. 하지만 은수는 달랐다. 항상 은수는 당당하게 먼저 손을 들어 책을 읽었다.

"오늘은 누가 일어서서 책을 읽어볼까? 좋아, 박은수. 일어나서 책을 읽어볼래?"

"제3과 설득력 기르기. 짜임새 있는 말을…… 윽!"

아이들이 킥킥대고 웃기 시작했다. 은수의 목소리가 계속해서 이상하게 삑삑거렸다. 은수의 얼굴이 홍당무처럼 새빨갛게 변했다. 다시 목소리를 가다듬고 읽기 시작했다.

"에이…… 왜 이러지? 제3과, 설득력 기르기. 윽."

은수가 힘을 주어 책을 읽으려 할수록 목소리는 더욱 심하게 튀었다. 선생님은 은수를 자리에 앉히셨다.

"은수야, 일단 자리에 앉아보렴. 은수에게 **변성기**가 찾아왔나 보네요."

선생님은 칠판에 '변성기'라고 쓰시고는 설명을 해주셨다.

"은수처럼 변성기가 왔을 땐 무리하게 목소리를 내려고 하면 안 돼요.

변성기

변성기는 제2차 성징의 하나로 사춘기 때 발성기관에 나타나는 변화에요. 남자는 13~14살쯤에 변성기가 찾아오는데 평균 3~6개월 정도에서 대부분 1년 내에 완료가 됩니다. 여자는 남자보다 반년에서 일년 정도 변성기가 일찍 오지만 크게 표시가 나지는 않아요.

남자는 성대의 길이와 폭 두께가 커지고, 목소리도 낮은 음역으로 넓어집니다. 여자도 성대가 커지고 두꺼워지지만 여성적인 음색으로 바뀌고 높은 음역으로 넓어지지요.

변성기에 나타나는 증상

- 가볍게 말을 해도 곧 목이 아파져요.

- 호흡이 짧아져 몇 번이고 숨을 쉬어줘야 해요.

- 목소리가 금세 쉬어요.

- 목소리에 부드러움이 없어져요.

- 목소리를 내는 것이 괴롭고 때로는 전혀 나오지 않을 때도 있어요.

- 높은 소리가 나오지 않고 낮은 소리가 잘 나와요.

이때에는 말을 많이 하지 않거나, 노래를 부를 때 부드럽게 소리를 내려고 노력해야 해요. 하지만 변성기 자체에만 너무 신경을 써서 목소리를 내지 않으려고 하는 것은 안 돼요. 목의 상태에 따라서 부드럽게 울림을 가지고 말을 하려고 노력해보세요.”

모두 선생님의 말씀에 귀를 기울였다.

“오늘은 은수가 책을 읽기 힘들겠네요. 그럼, 누가 한번 읽어 볼까? 그래, 옆자리에 앉은 예솔이가 한번 읽어보세요.”

선생님이 예솔이를 부르자 예솔이의 가슴이 콩닥콩닥 뛰기 시작했다. 하지만 조금 전 윤호를 향해 자신 있게 소리쳤던 기억이 떠올랐다. 예솔이는 그때 느꼈던 자신감을 다시 한 번 확인하고 싶었다. 조마조마한 마음을 겨우 누르고 일어나 책을 읽기 시작했다.

“제3과 설득력 기르기. 짜임새 있는 말을 하기 위해서는 사람들이 믿을 수 있는 정보를 찾고 그 정보들을 정리하여 핵심만 전달하면 된다. 여기에 독창성 있는 의견이 더해진다면 상대방을 설득하기 훨씬 쉬워진다.”

우렁차면서 안정적인 목소리에 친구들이 놀라 예솔이를 쳐다보았다. 하지만 계속에서 크고 우렁차게만 읽는 예솔이를 보고 아이들이 킥킥대고 웃었다.

“뭐야. 군인 같아.”

“크크크큭”

“자, 조용. 잘 읽었어요. 예솔이에게 이렇게 좋은 목소리가 있는 줄 처음 알았네요. 하지만 조금 부드럽게 읽으면 더 좋을 것 같아요. 다음 시간부터는 자주 손을 들고 읽도록 해요. 자주 읽으면 더 좋아질 거예요.”

“네.”

선생님의 격려로 예솔이는 겨우 창피함을 벗어날 수 있었다.

예솔이는 수민 선배에게 찾아가서 그날 있었던 일을 이야기했다.

“예솔이에게 변화가 있었구나.”

“네, 이제 자신감이 조금씩 생기려고 해요. 하지만 계속해서 우렁차게 말하는 건 힘든 것 같아요.”

“그래도 예솔이가 열심히 노력해줘서 기쁜걸. 예솔이 말대로 계속해서 큰 소리로만 말한다면 목이 금세 지치겠지? 그럼 이제 진짜 매력 있는 목소리를 찾으러 가볼까?”

“매력 있는 목소리요?”

“그래, 누구나 자신이 가진 소리의 특징이 있어. 두꺼운 소리를 가진 사람도 있고, 얇지만 깨끗한 음색을 가진 사람도 있지. 하지만 모두가 좋은 목소리를 내고 있다고는 할 수 없어. 좋은 목소리를 가지려면 자신이 가진 음색을 자연스럽게 살리면서 소리의 **음색, 초점, 호흡과 공명**을 잘 활용해야 한단다.”

예솔이는 노트를 두 손에 들고 수민 선배의 말에 귀를 기울였다.

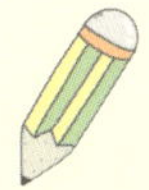 # 내 목소리를 찾아보세요!

음색

처음부터 성우나 가수들의 좋은 목소리를 따라 하기보다는 내가 가진 목소리를 가지고 표현하는 게 좋아요. 특히 중요한 것은 첫소리를 낼 때입니다. 말을 할 때나 노래를 할 때 첫소리를 솔직한 자신의 목소리로 명쾌하고 부드럽게 내려고 노력해보세요.

초점(방향)

소리를 앞으로 뽑아내지 않으면 전달력이 떨어져요. 목소리를 낼 때는 속으로 우물우물하지 말고, 방향을 앞쪽으로 향하게 보내줘야 해요.

호흡과 공명

입안을 크게 열고 호흡과 연결된 소리를 찾아내면 부드럽고 풍성한 소리를 낼 수 있어요. 특히 우리말은 혀가 높고 입안을 납작하게 해서 내는 발음이 많아요. 그래서 입안을 둥글게 해서 울림을 만들어줘야 합니다.

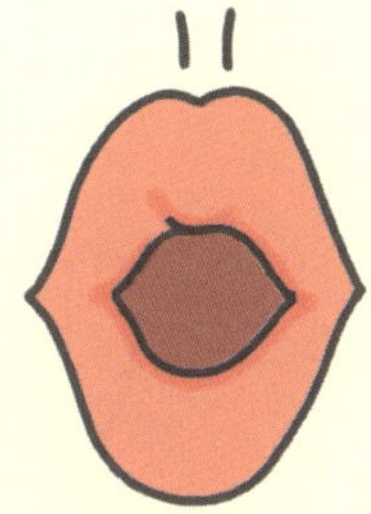

내 목소리를 찾아주는 발성 연습을 해봐요!

발성 연습을 하는 방법은 아주 많아요. 음표의 배열과 노래 부르는 방법에 따라 다양한 발성 연습을 만들 수 있죠. 여기에서는 **레가토, 스타카토, 마르카토** 이 세 가지 방법으로 할 수 있는 대표적인 몇 가지 발성법을 알려줄게요.

발성 연습 1. 부드럽게 모음을 연결해보자!–레가토

레가토는 흐르는 물처럼 부드럽게 연결해서 부르는 거예요. 처음에는 모음으로만, 그다음에는 자음 'ㅁ'을 넣어서 연습해보세요.

♬ 같은 음으로 진행되는 레가토 연습

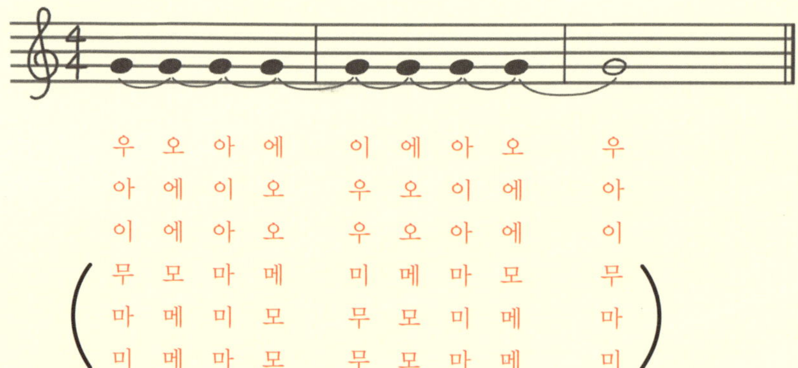

발성 연습 2. 정확한 음정으로 가볍게 불러보자!–스타카토

스타카토는 음을 하나하나 끊어서 가볍고 정확하게 부르는 연습이에요.

발성 연습을 처음 시작할 때나, 기초 읽기 연습을 할 때 효과적인 방법

이죠. 가볍게 끊어서 읽어주면 되는데 말을 할 때는 정확한 발음을 위해,

노래를 할 때는 정확한 음정을 위해 연습할 때 사용하면 좋습니다.

레가토 때처럼 아래의 계이름의 음에 맞춰서 소리를 내보세요. 하지만 하나하나 음을 끊어서 부르는 것을 잊지 마세요.

♫ 옥타브 스타카토 연습

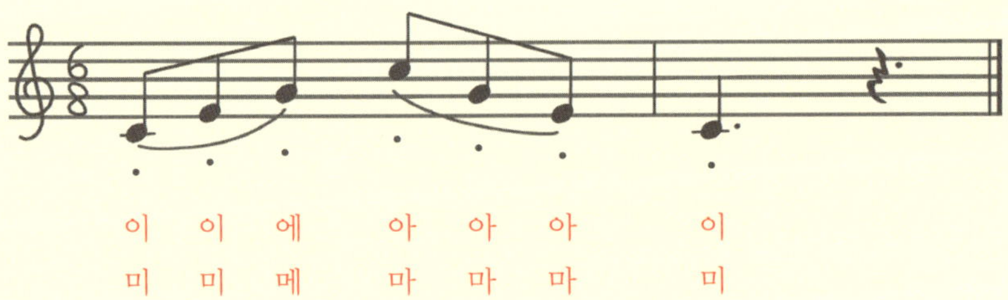

발성 연습 3. 반동과 뱃심을 이용해서 호흡을 튕겨보세요!–마르카토

마르카토는 리듬을 넣어서 강조하는 방법이에요. 호흡을 튕겨주면서 음의 간격이 클 때나, 악센트를 줄 때 사용합니다.

아래의 계이름을 그 음에 맞춰서 불러보세요. 리듬을 넣어서 신나게 말에요!

♫ 마르카토 연습

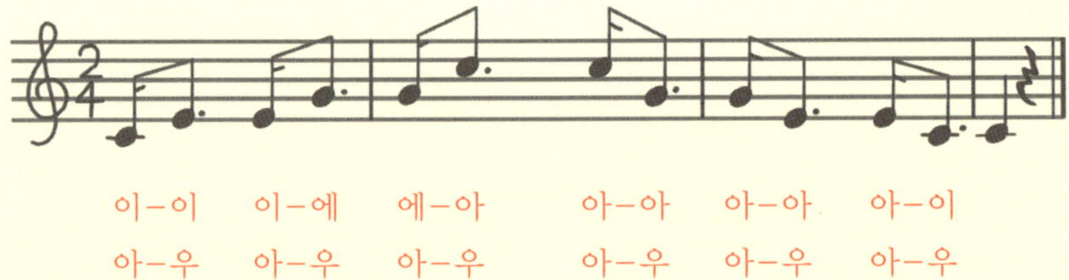

# 나쁜 습관을 고치면 노래를 잘 부를 수 있어요!

고음에서 음색이 변해요!

스타카토로 작고 가볍게 고음 부분을 연습하거나 중저음과 같은 소리로 조금씩 음정을 올리면서 노래 연습을 해주세요.

부정확한 음정이 나요!

목에 들어간 힘을 풀고 바른 자세로 노래를 불러주세요. 악기를 이용해서 음의 높낮이 감각을 기르는 것도 좋아요.

허스키한 목소리가 나요!

활동적인 성격을 가진 당신! 목에 힘을 많이 주고 소리를 지르는 편이시군요. 이럴 땐 조금 작은 소리로 잔잔하게 노래해보세요.

목소리가 작고 떨려요!

소리가 입 밖으로 나오질 못하고 있어요. 자세를 바르게 정돈한 후에 조금 더 자신감을 가지고 앞을 향해 소리를 던져주세요.

공기에 이는 작은 파도, 공명 연습을 해보자!

공명음은 입이나 코를 통해 공기가 흐르면서 울리는 소리입니다. 공명이 충분하게 일어나면 좋은 목소리가 나오게 된답니다. 이제 공명 연습을 하는 방법을 알아볼까요?

1. 입안에 탁구공을 물고 있다고 상상해보세요. 입안이 동그랗게 벌어지지요? 그 상태로 가장 고음에서부터 가장 저음까지 '후~' 하면서 소리를 내는 거예요. 마치 새를 쫓을 때 '허이허이~' 소리를 내듯이 말입니다. 이때 손을 머리 위에서부터 아래로 쭉 뻗어 내려가면서 연습을 해주면 훨씬 효과적이에요.

2. 음정에 상관없이 '아, 에, 이, 오, 우'를 짧게 끊어서 소리 내보세요. 이때에는 복식호흡을 이용해서 울림이 좋은 소리로 내야 해요. 발성 연습을 하기 전에 목소리를 풀어주는 기분으로 한 번씩 공명 연습을 해주면 공명을 울리며 연습을 하는 데 도움이 된답니다.

3. *공명을 가지고 발음 연습도 함께 할 수 있는 방법이에요. 다음 단어

들을 한 호흡에 내뱉으면서 읽어보세요. 중요한 것은 소리의 울림을 놓치면 안 된다는 것!

아-에-이-오-우	우이---야---
야----호----	아---큐-----향
오---패-----냥	마---악-----파
로---우-----얄	싸---리-----톨
쥬---피-----탈	올레--로--사
수네-이-파-젤	푸렌-마-네푸-

★ 김은성 「마음을 사로잡는 파워 스피치」

 ## 전달력을 높여주는 발음 연습!

목소리 표현력을 기르기 위해서는 발음에도 유의해야 합니다. 우물거리거나 정확하게 발음하지 않으면 전달력이 떨어지거든요. 발음 연습도 발성 연습처럼 음정을 이용하면 훨씬 재미있고 편리해요. 단 뚜렷하고, 정확하게, 그리고 모음과 자음을 풍부하게 표현해줘야 합니다. 모음은 울림을 가지고, 자음은 각자의 색깔을 표현하면 됩니다.

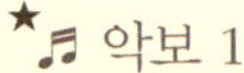

이 악보에 맞춰서 자음은 ㄱ, ㅋ, ㄲ / ㅁ, ㅂ, ㅍ, ㅃ / ㄴ, ㄷ, ㄹ, ㅅ

모음은 ㅏ, ㅑ, ㅓ, ㅕ, ㅗ, ㅛ, ㅜ, ㅠ, ㅡ, ㅣ를 번갈아가면서 연습

해보세요.

★ 조석훈 「합창에 있어서 효과적인 한국어 노랫말 전달을 위한 발음훈련방법에 대한 연구」(2003) 중

이때 발음이 뭉개지면 안 돼요. 예를 들어서 '가가가가'를 연습할 때 '그아그아그아그아'처럼 들리는 건 노래할 때 턱을 너무 많이 움직이거나 천천히 떼기 때문입니다. 깔끔하게 '가가가가'라고 발음해줘야 해요.

또 '까까까까'의 경우 '까악까악' 또는 '끄악끄악'이라고 발음하지 않도록 조심해야 해요. 특히 이중모음인 ㅑ, ㅕ, ㅛ, ㅠ의 경우는 더욱 주의해야 하는데 'ㅑ'를 정확하게 발음하지 않으면 '야으야으야으'처럼 들리기도 한답니다.

우리나라 전통 시조로 읽기 연습을 해봐요!

서양음악은 가사를 리듬적 낭독에 가깝도록 하는 것이 최선입니다. 그에 반해 전통음악은 판소리의 경우 말 그 자체, 자연스러운 흐름으로 호흡을 따라갑니다. 이제 시조를 활용해서 낭독 훈련을 해보아요. 전체적으로 레가토를 유지하면서 한 문장은 한 호흡에 읽어줘야 합니다.

그리고 한 가지 더 조심해야 하는 게 있어요. '햇볕은 쨍쨍'이란 노래는 모두 알지요? 첫 소절만 불러볼까요? 햇볕은 쨍쨍 모래알은 반짝♬

잠깐! 혹시 여기서 [해뼈츤] 쨍쨍 이라고 발음하지 않았나요? '햇볕은'의 발음은 [해뼈튼]이 맞아요.

이처럼 자주 틀리는 몇몇의 발음이 있는데요, 몇 가지 예를 들어서 연습을 하다 보면 올바른 발음의 규칙을 알 수 있을 거예요.

이제, 시조를 읽으면서 틀리기 쉬운 발음을 확인해볼까요?

정몽주

이 몸이 죽고 죽어/ 일백 번 고쳐 죽어//

백골이 진토 되어/ 넋이라도 있고 없고//

임 향한 일편단심이야/ 가실 줄이 있으랴//

(발음 : 넋이라도[넉씨라도])

이직

까마귀 검다 하고 백로야 웃지 마라

겉이 검다고 속조차 검을쏘냐

겉희고 속 검은 이는 너뿐인가 하노라

(발음 : 겉이[거치], 겉희고[거티고])

작자 미상

나비야 청산 가자 범나비 너도 가자

가다가 저물거든 꽃에 들어 자고 가자

꽃에서 푸대접하거든 잎에서나 자고 가자

(발음 : 꽃에[꼬체], 꽃에서[꼬체서])

김종서

삭풍은 나무 **끝에** 불고 명월은 눈 속에 찬데

만리 변성에 일장검 짚고 서서,

긴 파람 큰 한 소리에 거칠 것이 **없어라**

(발음 : 끝에[끄테], 없어라[업써라])

이방원

이런들 어떠하며 저런들 어떠하리

만수산 **드렁칡이 얽혀진들** 어떠하리

우리도 이같이 **얽혀져** 백 년까지 누리리라

(발음 : 드렁칡이[드렁칠기], 얽혀진들[얼켜진들], 얽혀져[얼켜져])

내 발성은 어느 정도일까?

Yes가 많을수록 표현력 대가에 가깝다는 것! 만약 No가 많다면 빨간 노트를 보고 차근차근 연습해보세요!

	질문 내용	Yes	No
자세	얼굴에서 불필요한 곳에 힘이 들어가 있지는 않은가? (혀, 턱, 눈썹 등)		
	몸의 긴장이 부드럽게 풀린 상태로 소리를 내는가?		
호흡	소리에 호흡이 충분히 실려 있는가?		
	배로 호흡을 하고 있는가?		
발음	글자를 정확하게 발음하고 있는가?		
	발음을 하면서 마지막에 힘이 풀리지는 않는가?		
	틀린 발음은 없는가?		
발성	납작한 소리가 아닌 둥근 소리를 냈는가?		
	나만의 음색을 솔직하게 표현하는가?		
	첫소리가 명쾌하게 나는가?		
	소리가 계속해서 앞을 향하고 있는가?		

자유로운 몸짓을 찾아 떠나는 여행

오늘은 한 달에 한 번 열리는 '학부모 수업 참관일'이다. 아이들은 교실 청소도 깨끗이 해놓고, 부모님들이 오시기를 기다렸다. 그동안 예솔이는 자신감 없이 학교생활을 하는 모습을 부모님께 보여드리고 싶지 않았다. 그래서 가정 통신문을 가져다 드리지 않은 적이 가끔 있었다. 하지만 이번에는 내심 엄마, 아빠께 달라진 모습을 보여드리고 싶었다. 예솔이의 바람이 통했는지 이번 달엔 엄마, 아빠 모두 참석하신다고 했다.

점심시간이 지나고 부모님들이 교실 뒷문으로 들어오셨다. 언제 오셨는지 예솔이 엄마, 아빠도 한쪽에 자리를 잡고 계셨다.

"여러분, 자유롭게 발표하는 시간을 가질게요. 오늘은 세상을 변화시키는 힘은 무엇이 있을지 이야기를 나누도록 해요."

선생님은 칠판에 '세상을 변화시키는 힘'이라고 쓰셨다.

"자, 누가 먼저 발표해볼까요?"

부모님이 계신 자리여서인지 다들 쉽게 손을 들지 못했다.

"선생님, 윤호가 손을 들었어요."

옆에 앉은 준석이의 손에 이끌려 억지로 윤호가 손을 들었다.

"윤호가 처음으로 손을 들었네요. 아, 오늘은 부모님께서 오셨으니까 발표자는 앞으로 나와서 이야기하기로 해요."

교실 앞으로 쭈뼛쭈뼛 걷는 윤호의 걸음걸이는 마른 나무토막 같았다. 윤호는 너무 긴장한 나머지 손과 발을 같은 방향으로 뻗으며 병정처럼 걸었다. 윤호의 이런 모습에 교실은 웃음바다가 되었다.

"와하하하"

"깔깔깔깔"

머쓱해진 윤호는 뒷머리를 긁적거리며 발표를 시작했다.

"음, 세상을 변화시키는 힘은요…… 아, 저는 드라마라고 생각합니다."

　엉뚱한 윤호의 말에 아이들은 물론이고 뒤에 앉아계신 부모님들도 모두 윤호의 이야기에 귀를 기울였다.

　"매일매일 드라마의 내용에 따라서 엄마의 기분이 좋았다, 슬펐다 하시거든요. 우리 집 분위기는 드라마에 따라서 변하기 때문에 세상을 변화시키는 힘도 드라마라고 생각합니다."

"와하하하"

반 친구들과 부모님들은 모두 큰소리로 손뼉을 치며 웃었다.

"좋아요. 아주 새로운 발상으로 발표를 잘해주었어요. 어머니께서 드라마를 참 좋아하시나 봐요."

윤호의 엄마는 민망하신 듯 얼굴을 붉히며 웃으셨다. 윤호의 재미있는 이야기로 교실 분위기가 한결 편안해지자 아이들이 하나둘씩 손을 들기 시작했다.

"저는 전쟁이라고 생각합니다. 왜냐하면 전쟁을 하면 힘을 가질 수 있고, 힘을 가진 사람이 세상을 마음대로 움직일 수 있으니까요."

"제가 생각하는 세상을 변화시키는 힘은 과학입니다. 과학자들이 새로운 발명품을 만들면서 우리의 생활이 편리해지기도 하고, 달나라에도 가고…… 저는 과학이야말로 이 세상을 변화시키는 힘이라고 생각합니다."

예솔이도 발표는 하고 싶었지만 앞에까지 나가는 게 부담스러웠다. 고민을 하고 있는데 어디선가 속삭이는 소리가 들렸다.

'팍팍! 팍팍!'

살짝 뒤를 돌아보니 아빠가 예솔이를 향해 환하게 웃으시며 두 손바닥으로 기를 넣어주는 시늉을 하셨다.

"좋아요. 은수와 서연이 말처럼 전쟁, 또는 과학도 세상을 변화시키는 힘이 될 수 있어요. 그럼 마지막으로 누가 발표를 해볼까?"

"선생님, 제가 발표할게요."

자신 없는 표정이었지만 명랑한 예솔이의 목소리가 교실에 울렸다.

"예솔이? 그래, 예솔이도 앞으로 나와서 이야기해볼까?"

모두의 눈이 예솔이를 향했다. 예솔이는 조심스럽게 앞으로 나갔다.

"제가 생각하는 세상을 변화시키는 힘은 음악이라고 생각합니다."

조금은 긴장한 듯 예솔이가 천천히 이야기를 시작하자, 선생님이 궁금하다는 듯이 물어보았다.

"음악이요? 왜 그렇게 생각하죠?"

"음악에는 사람들의 마음을 움직이는 힘이 있기 때문입니다."

예솔이는 천천히 호흡을 한 번 한 후 말을 이어갔다.

"여러분도 「사랑 나눔 세계로 콘서트」 공연을 보았을 거예요. 그 오케스트라단의 친구들은 전쟁과 가난 같은 어려운 환경에서 살았습니다. 하지만 좌절하지 않고, 함께 악보를 보고 음악을 배우면서 조화로운 소리를 배웠고, 그 결과 삶에서도 기본에 충실하면 올바르게 삶을 살 수 있다는 희망의 메시지를 얻었습니다. 그래서 그 아이들은 세계를 돌아다니며 음악 활동을 하고, 자기 나라에 돌아가 또 다른 후배들을 연습

시킨다고 합니다. 아이들은 자신들에게 희망을 준 음악으로 세상에 희망을 전하고 있는 것입니다. 그래서 저는 세상에 희망을 줄 수 있는 음악이 세상을 변화시키는 힘이라고 생각합니다.”

예솔이는 자기도 모르게 친구들과 부모님들을 번갈아 쳐다보며 마음속의 이야기를 솔직하게 털어놓았다. 노래를 통해 자신이 조금씩 변한 것처럼 세상도 노래를 통해 변할 수 있을 거라고 생각했다. 특히 마지막에 '세상을 변화시키는 힘'이라고 이야기할 때는 한 손을 가볍게 주먹을 쥐며 가슴 앞쪽으로 들며 이야기했다.

예솔이의 발표가 끝나자 부모님들과 친구들은 물론 선생님까지도 아낌없이 박수를 쳐주며 한마디씩 했다.

"와"

"좋아요, 김예솔. 정말 훌륭해요."

"뉘집 딸인지 말 참 잘하네."

"그렇죠? 제 딸이에요."

엄마는 너무나 딸이 자랑스러워 옆에 있는 엄마들에게 작은 소리로 자랑을 했다. 아빠도 그런 예솔이가 자랑스러운지 자리로 걸어 들어오는 예솔이를 향해 엄지손가락을 들어주었다.

예솔이는 약간 부끄러웠는지 발개진 얼굴로 자리에 앉았다.

"오늘 여러분의 발표는 정말 훌륭했어요. 처음에 윤호의 엉뚱한 행동과 발표 내용이 교실 분위기를 한결 편안하게 해준 것 같아요. 그리고 이어 발표한 은수와 서연이도 자신의 생각을 잘 이야기해주었어요. 예솔이는 경험을 통해 깨달은 것을 예로 들면서 발표했는데 발표하는 태도가 아주 훌륭했어요. 특히 손짓으로 중요한 부분에서 강조해주고, 표정에 진정성을 가지고 이야기한 것이 매우 인상적이었어요. 이렇게 훌륭하게 수업을 진행해준 우리 아이들에게 부모님들께서 박수로 격려 부탁드릴게요.”

‘짝, 짝, 짝, 짝’

예솔이는 주말이 되자마자 제일 먼저 수민 선배에게 달려갔다. 그동안 수민 선배가 가르쳐준 비법들이 예솔이의 생활을 얼마나 많이 바꾸어놓았는지 빨리 이야기해주고 싶었다.

“선배님, 저 빨간 노트의 마법에 걸린 것 같아요.”

“호호호, 빨간 노트의 마법이라고?”

“네, 마치 소원을 들어주는 요술 램프를 가지고 있는 것처럼 하루하루 신나는 일들로 가득해요.”

예솔이는 수민 선배에게 학부모 수업 참관일에 있었던 놀라운 경험을 이야기했다.

“예솔이가 하나를 알려주면 둘을 아는구나. 그럼 다음 마술은 안 알려줘도 되겠는데?”

"안 돼요! 알려주세요~"

예솔이는 눈을 동그랗게 뜨고 짓궂은 표정의 수민 선배를 쳐다보았다.

"호호호, 그래그래 알려줄게. 예솔이가 발표를 할 때 더욱 빛이 날 수 있었던 이유가 있어. 바로 예솔이의 몸짓과 표정이 예솔이가 말을 전달하는 데 도움을 줬기 때문이야."

"몸짓과 표정이요?"

"그래, 우리가 지난번까지 배운 목소리나 말하기 훈련이 귀로 듣는, 청각적으로 표현하는 것이라면 몸짓은 눈으로 보는, 시각적인 메시지를 준다고 생각하면 돼. 몸짓을 이용하면 더욱 구체적이고 직접적으로 나를 표현할 수 있지."

"그렇다면 처음 발표한 윤호가 머리를 긁적인 것도 몸짓으로 감정을 표현한 거네요?"

"그래, 그런 몸짓과 표정을 비언어라고 하는데, 상황에 따라 그 의미가 달라지기도 해. 두 팔을 높이 들어 올리는 행동을 생각해볼까? 전쟁 중에는 이 행동이 항복을 뜻하지만, 집에서 숙제를 하던 중이라면 숙제를 끝마쳤다는 의미가 되겠지? 또는 학교에서 놀이동산으로 소풍을 갔을 때 모두 두 손을 들고 'Olleh'를 외쳤다면 이것은 기분이 좋다는 의미일 거야. 이처럼 행동으로 말을 보충해서 나타내는 것이 몸짓언어란다."

"아, 그렇구나. 그럼 표정은요? 담임 선생님께서 표정에…… 진정성? 그게 있다고 하셨어요."

"예솔이가 깨달은 것을 진실한 마음으로 전달했으니, 아마 그 교실에 있는 사람들은 모두 같은 마음을 느꼈을 거야. 이렇게 몸으로 하는 행동 외에 표정이나 눈 맞춤도 비언어에 들어간단다. 이런 비언어는 성격을 나타내기도 해. 냉정하거나 수줍음이 많거나 소극적인 사람은 다른 사람을 쳐다보는 시간이 적어. 하지만 친절하거나, 적극적인 사람, 그리고 성실한 사람은 다른 사람을 쳐다보는 시간이 길지. 그리고 비언어로 그 사람의 상태도 알 수 있어. 불안해하거나, 예민하거나, 슬픔이 있거나, 죄책감을 가진 사람은 다른 사람을 쳐다보는 시간이 적어. 반면에 즐겁고 행복한 사람은 다른 사람을 많이 쳐다보는 편이지. 예솔이가 걱정이 있을 때 엄마가 대번에 예솔이의 마음을 읽고 학교에서 무슨 일이 있냐고 물으시지?"

"네, 학교에서 기분 나쁜 일이나 슬픈 일이 있으면 엄마는 제가 말씀 드리기도 전에 알아채시고는, 맛있는 음식으로 위로해주세요."

"그게 바로 비언어야. 엄마께서는 예솔이의 행동이나 시선을 보고 예솔이의 기분을 알아채시는 거지. 그렇지만 한국 사람들은 대체로 큰 몸짓을 취하지 않는 편이야. 표정 또한 기쁠 때나 슬플 때나 무표정으로 있는 경우가 많지. 하지만 그렇게 표현을 하다 보면 상대의 마음을 이해하기 힘들고 오해가 생길 수도 있어. 내가 좋은 몸짓언어를 알려줄게."

몸짓언어로 나를 표현해요!

몸짓언어에서도 자연스러움과 조화로움이 가장 중요해요. 나와 상대방의 심리적, 신체적인 거리를 적절하게 유지하면서 대화 내용과 상황에 맞는 몸짓을 해야 하지요.

또한 적극적이고 활동적인 몸짓이 좋아요. 예능 프로그램을 보면 '리액션'이 중요하다는 말을 많이 하죠? 나의 감정을 지나치게 표현할 필요는 없지만 내가 생각하는 것이나 느끼는 것을 나타내지 않으면 상대방은 오해를 할 수도 있답니다.

그리고 몸짓은 풍부하고 섬세하게 해주는 게 좋아요. 일상생활에서 하는 부드럽고 섬세한, 그리고 풍부한 몸짓은 나를 매력적으로 보이게 하는 힘이 있다는 것을 잊지 마세요.

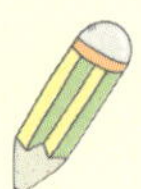

몸짓언어에는 어떤 것이 있을까?

1. **몸짓** : 몸짓은 손이나 발 등 자유롭게 움직일 수 있는 몸의 부위를 이용해 어떤 생각이나 계획, 또는 느낌을 전달하는 비언어입니다. 머리 부분을 움직여서 내 생각을 표현하는 것도 몸짓이에요. 몸짓은 의사소통을 강화하거나, 이미지를 결정하기도 합니다.

2. **표정** : 사람의 감정은 대부분 얼굴 표정을 통해서 나타납니다. 폴 에크먼이라는 심리학자는 사람의 표정에 관한 연구를 했어요. 그는 사람의 표정에는 공통적으로 슬픔, 분노, 놀라움, 두려움, 혐오, 경멸, 기쁨이라는 일곱 가지 감정이 나타난다고 했어요. 특히 에크먼이 개발한 얼굴의 움직임을 읽는 방법은 유명한 애니메이션인 〈슈렉〉이나 〈토이스토리〉의 자연스러운 표정을 만드는 데에 많은 영향을 끼쳤습니다.

3. **자세** : 자세는 그 사람의 인상을 결정짓는 데 중요한 역할을 해요. 자세를 보면 그 사람의 마음가짐도 알 수 있어요. 사람들은 보통 행복한 순간에는 허리를 곧게 펴고 빠르게 움직이지만, 실패를 하고 난 뒤에

는 목을 움츠리고 어깨가 처지고 시선을 아래로 떨어뜨리는 등의 자세를 한답니다.

4. 응시 : 한 곳을 똑바로 바라보는 응시는 관심에 대한 일반적인 표현이에요. 상대방의 눈을 자연스러우면서도 따뜻하게 바라보는 것은 서로의 마음을 전달해주지요. 하지만 너무 빤히 오래 바라보고 이야기하는 것은 실례에요. 또는 곁눈질을 하거나 눈을 보통 때보다 자주 깜빡인다거나, 2~3초 이상 감고 있는 것도 상대방과의 공감을 방해합니다.

5. 접촉 : 신체 접촉은 상대와 내가 얼마나 친한지를 표현해주는 중요한 비언어에요. 상대방을 격려해주기 위해서 어깨나 등을 톡톡 두드려 주거나, 한 번 따뜻하게 안아 주는 것이 말보다 훨씬 더 진실하게 마음을 전할 수 있어요. 길거리에서 프리허그(Free Hug)라는 팻말을 들고 있는 사람을 본 적이 있나요? 프리허그는 프리허그라는 팻말을 걸고 있는 사람이 '포옹', 그러니까 품에 안기기를 원하는 사람을 따뜻하게 안아주는 것을 말해요. 이렇게 접촉이라는 비언어를 이용해서 서로를 위로해주고, 격려한다는 메시지를 전하는 것이죠.

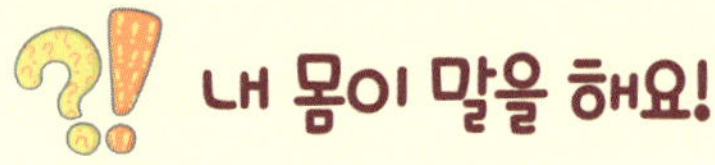 ## 내 몸이 말을 해요!

행동 연구에 새바람을 불러일으킨 헝가리 출신의 독일 학자 라반은 "동작은 신체라는 도구를 통해 움직인다."라고 말했어요. 그는 사람들은 자기 나름대로의 유연하고 자연스러운 움직임으로 자기만의 효과적으로 움직이는 방법을 만들어간다고 했습니다. 지금부터 아래에 나와 있는 감정을 나타내는 다양한 표현을 보고 몸짓과 표정을 연출해보세요.

· 안심하기 · 자신감 · 기쁨 · 사랑함 · 웃기다 · 난처함 · 지루함
· 답답함 · 어이없음 · 긴장함 · 놀람 · 후회함 · 창피함/부끄러움

여러분은 어떤 몸짓으로 감정을 표현했나요? 물론 행동에 정답은 없어요. 자신의 감정을 효과적이고 다양하게 연출할 수 있으면 OK!

안심하기	가슴을 쓸어내리다, 한숨을 돌리다
자신감	어깨를 으쓱거리다, 어깨를 펴다, 목에 힘을 주다

기쁨	제자리에서 팔짝팔짝 뛰다, 입이 귀에 걸리다, 함박웃음 짓다, 콧노래를 부르다
사랑함	윙크하다, 손으로 하트 모양을 만들다, 서로의 눈을 바라보다, 머리를 쓰다듬다, 손을 잡다, 어깨에 기대다, 포옹을 하다, 입을 맞추다
웃기다	배를 잡다, 배꼽이 빠지다

난처함	머리를 긁적이다, 뒤통수를 긁다, 이마를 긁적이다
지루함	하품을 하다, 턱을 괴다
답답함	머리를 쥐어뜯다, 발을 구르다, 가슴을 치다
어이없음	고개를 돌리며 '칫' 또는 '하'라고 소리를 내다, 머리를 좌우로 움직이다

긴장감	마른침을 삼키다
놀람	입이 벌어지다, 눈이 휘둥그레지다
후회함	머리를 때리다, 가슴을 치다
창피함/부끄러움	얼굴을 감싸다, 혀를 내밀다, 얼굴이 화끈거리다

며칠 뒤, 예솔이는 예술의 전당을 다시 찾았다. 수민 선배의 오페라 리허설을 구경하기 위해서였다. 예솔이는 조심스럽게 문을 열었다. 무대 위에서는 저녁 공연을 위한 리허설이 한창이었다. 예솔이는 객석 한쪽에 자리를 잡고 앉았다.

리허설이었지만 배우들은 실제 공연 못지않은 긴장감과 열정으로 연기를 했다. 화려한 의상을 입지 않고 분장을 하지 않았을 뿐, 배우와 오케스트라는 실제 공연을 하는 것 같았다. 음악이 흐르는 동안 배우들이 아무 말 없이 연기를 할 때도 주인공들의 마음까지 읽을 수 있을 것 같았다.

리허설을 잠깐 멈춘 휴식 시간, 수민 선배가 예솔이를 불렀다.

"예솔아, 객석에서만 보지 말고 이리 올라와 봐."

무대 뒤는 다음 장면을 준비하는 배우들과 함께 진행을 도와주는 많은 사람이 바쁘게 움직였다. 무대 위에서 보이는 사람은 배우들뿐인데, 공연을 위해서 이렇게 많은 사람이 일을 하고 있다는 것이 놀라웠다. 수민 선배는 무대 옆쪽으로 예솔이를 안내했다.

"여기에서 배우들의 몸짓과 표정을 봐봐."

"와, 대사 없이 몸짓만으로도 극의 내용을 이해할 수 있을 것 같아요. 특히 눈빛에서 많은 것이 느껴져요."

"그래, 잘 봤어. 배우들은 자주 시선을 옮기지 않지만 필요한 곳을 향해 정확하게 시선을 보내주고 있지? 노래를 할 때도 마찬가지야. 자주 이곳저곳으로 시선을 옮기지 않는 게 좋아. 불안정한 시선은 바라보는 사람의 집중력마저 떨어뜨리거든. 정면에 한 장소를 지정해놓고, 그곳을 향해 소리를 낸다고 생각해 봐. 김연아 선수가 스핀을 끝낸 후 한 곳을 응시하면 어지럼증에서 빨리 돌아온다고 하지? 아마 시선이 분산되는 것을 막기 위해서 한곳을 집중해서 바라보는 걸 거야. 나도 노래를

할 때 소리가 주변으로 퍼지는 것을 막기 위해 한곳을 집중력 있게 응시해. 다만 곡의 분위기를 전환시키거나, 그 외에 필요에 의해서 시선을 옮길 때는 한 번에 확실하게 계획했던 다른 지점을 쳐다본다. 자, 이제 지휘자를 봐봐."

수민 선배는 무대 아래쪽에 오케스트라를 지휘하고 있는 지휘자를 가리켰다.

"음, 아무 말도 하고 있지 않지만 마치 지휘자의 몸이 말을 하고 있는 것 같아요. 무표정이지만 아무 생각 없이 멍하니 있는 표정과는 달라요."

"그래. 지휘자는 유일하게 소리를 내지 않는 연주자야. 침묵을 하고 있지만 정확하고 풍부하게 음악을 표현하지. 패션쇼를 하는 모델들의 표정을 본 적이 있니? 아무런 표정 없이 무대에 서 있는 것처럼 보이지만 그 무표정 중에도 눈에서 에너지가 느껴지는 모델이 있단다. 온몸으로 호흡을 하기 때문에 얼굴에도 생동감이 생기는 거지. 예전에 모델 장윤주가 TV 프로그램에서 모델들도 런웨이를 걸어갈 때 그냥 무표정으로 무대에 올라가는 게 아니라고 말했어. 귀에 힘을 줘서 눈에 에너지를 실어주는 거지. 그렇게 하면 한결 살아 있는 표정으로 연출할 수 있단다."

"그렇다면 연주자들은 지휘자의 눈빛과 저 손에 담긴 표현을 보고 노래를 하고 악기를 연주하는 거군요."

"맞아. 지휘하는 손은 심장과 연결되어 있어서 마음의 상태를 몸에서 가장 가깝게 표현할 수 있어. 그렇지만 손에 힘이 잔뜩 들어 있으면 안 돼. 긴장을 풀고 즐거운 마음으로 지휘해야 하지. 더불어서 지휘자는 카리스마 있는 리더십을 보여줄 수 있는 표현 방식으로 음악을 즐겨야 해. 그래야 하나가 된 소리로 음악이 나올 수 있단다."

"대단해요!"

"나도 무대 위에서 노래를 할 때나 표현을 할 때면 지휘자의 손짓을 보고 느낀 것을 연기에 반영하는 경우가 많아. 지휘자의 손끝에는 음악의 영혼이 담겨 있기 때문에 그대로 표현해주면 되거든."

"음악의 영혼……."

"**지휘자의 몸짓**을 통해 더욱 섬세하고 정확한 표현력을 배울 수 있단다. 그럼 함께 배워볼까?"

지휘자의 몸짓으로 표현력을 배워요!

몸짓언어 중에서도 손을 활용한 표현은 굉장히 많습니다. 손가락이나 팔 등 손과 관련된 부분들까지 모두 포함하면 전체 몸짓의 절반 가까이가 손에 의한 것임을 알 수 있죠. 구체적으로 손동작은 정보를 제공하고, 무언가를 요구하거나 부탁하고, 감정을 표현하고, 평가하거나 지시하는 등의 의미를 나타냅니다.

지금부터는 지휘를 통해 음악의 흐름을 손으로 표현하는 방법을 배워볼까요? 지휘자는 빠르기, 셈여림 등으로 박자 젓기를 하면서 악기를 연주하는 파트에 포인트를 집어줍니다. 단순히 손짓을 하는 것이 아니라 연주자와 같이 호흡하고, 소통하며, 도와주는 역할을 하는 것이죠. 지휘자가 음악이 시작하는 순간에 악기나 목소리가 나오는 파트를 향해 신호를 보내면 연주자는 그에 대한 반응으로 악기를 연주하거나 노래를 부릅니다. 그렇게 작용과 반작용을 지속시키면서 음악이 완성됩니다.

이렇게 많은 것을 표현해야 하는 지휘자의 손은 돌덩어리처럼 무거울 것 같죠? 하지만 지휘자는 팔에 힘을 빼야 해요. 어깨를 들썩이거나 손을 많이 움직이기보다는 정확한 포인트만 집어주는 것이죠.

자, 이제 지휘 연습을 해봐요!

팔에 힘을 빼고 약간 들어서, 팔 전체를 어깨 앞쪽에 두면 기본자세가 됩니다. 손과 팔의 위치는 사람과 악수할 때 정도로 두면 됩니다. 그리고 손의 움직임은 허리 위쪽으로 하고, 팔꿈치는 몸 앞쪽으로 해야 합니다. 한 발을 앞으로 내밀어 팔을 자유롭게 움직일 수 있도록 자연스러운 자세도 좋아요.

거울을 보거나, 벽에 등을 기대고 바른 자세로 연습을 해보세요.

■ 지휘 패턴 ■

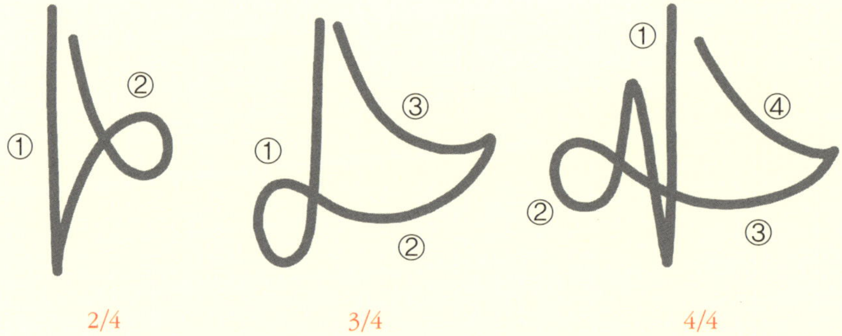

2/4   3/4   4/4

이때 손이 너무 높거나 팔의 움직임이 너무 많으면 산만해져요. 그리고 손이 너무 낮게 있거나 긴장도가 너무 없을 때는 축축 음악이 처지고 말지요.

거울을 보면서 연습해보세요. 이런 동작은 몸짓을 부드럽고 다양하게 연출하는 기본 연습이 됩니다.

노래를 몸으로 표현해요!

다음 가사를 몸으로 나타내보세요. 산과 나무, 조롱조롱 자라는 과일들을 재미있고 효과적으로 표현하는 거예요.

산산산 산에서 나무들이 자라고

들들들 들에서 곡식들이 자란다

조롱조롱 가지에 과일들이 자란다

졸졸졸 비맞고 잘도 잘도 자란다

눈빛으로 대화해요!

보통 합창 단원들은 지휘자의 손을 보고 노래하지 않습니다. 지휘자의 눈을 바라보고 그 시야에 들어오는 지휘자의 손을 느끼며 노래를 하지요. 지휘자 또한 눈빛으로 단원들에게 표현을 하면서 음악을 이끌어간답니다. 지휘자는 연주를 시작하기 전에 단원들과 눈빛으로 짧은 대화를 나누는데, 그때의 교감이 그날 연주의 분위기를 결정하기도 해요.

★ 이웃집 토토로 '메이' 표정 출처 : http://www.zbrush.co.kr/

이처럼 몸짓이 아닌 표정으로도 감정을 표현할 수 있어요. 요즘은 연예인들의 다양한 표정 연출이 인터넷에서 화제가 되기도 하죠? 사진 한 장에서 그 사람이 슬픈지 기쁜지를 알 수 있죠. 그만큼 표현력이 풍부하다는 이야기에요.

여기 만화 캐릭터를 보고 내가 생각하는 표정과 다른 사람이 느끼는 표정이 같도록 섬세하고 다양하게 연출을 해봐요. 그리고 감정을 나타내는 다양한 단어들로 자신만의 표정을 만들어보는 거예요.

우리도 눈빛으로 나누는 대화를 시작해볼까요? 옆의 친구들과 다음의 표현을 가지고 눈빛으로만 대화해보세요.

내 마음이 들리니?

: 긍정적인 표현들

기쁘다 기분 좋다 반갑다 편안하다 행복하다 흐뭇하다 즐겁다 사랑스럽다 자랑스럽다 뿌듯하다 눈물겹다 황홀하다 짜릿하다 뭉클하다 포근하다 시원하다 후련하다 통쾌하다 감격스럽다 평화롭다 위안되다 든든하다 태연하다 만족하다 근사하다 멋있다 상쾌하다 싱그럽다 아늑하다 재미있다

: 부정적인 표현들

분하다 답답하다 억울하다 서운하다 불쾌하다 밉다 얄밉다 슬프다 서글프다 아쉽다 당황스럽다 허탈하다 실망스럽다 외롭다 속상하다 울화가 치밀다 부끄럽다 불안하다 긴장되다 조심스럽다 걱정되다 불쌍하다 절망적이다 원망스럽다 후회스럽다 가엾다 두렵다 무섭다 짜증스럽다 신경질 나다 소름끼치다 놀라다 지겹다 어이없다

노래는 나를 표현하는 '최고의 기술'

"여보, 예솔이가 활발해진 모습이 너무나 대견해요. 그렇지 않아요?"

엄마는 예솔이 방에 과일을 가져다주고 나오면서 아빠에게 말했다.

"그러게 말이오."

"저는 예솔이가 말수도 적고 소심했을 때 저렇게 사춘기를 보내면 어떻게 하나 걱정을 많이 했거든요. 사춘기는 정서적으로 불안함을 느끼고 예민한 시기잖아요."

"맞아, 나도 예솔이가 요즘 들어 감수성도 커지고 생각도 깊어지는 걸

느껴. 그러다 보면 자기도 모르게 누군가에게 들었던 상처가 되는 이야기나, 칭찬을 받을 때 예민하게 반응을 할 수 있지. 하지만 우리 예솔이는 칭찬과 격려를 잘 받아들이고, 어려운 상황을 잘 극복하면서 커가는 것 같아."

"참, 요즘엔 음악도 많이 듣고 노래에 관심을 많이 보이는 것 같아요."

"아, 그래. 그러고 보니 참관수업 때도 음악이 세상을 바꾸는 힘이라 그랬고…… 음악 공연장에도 종종 간다고 했지?"

"네, 책상에 악보들도 많이 있더라고요. 저는 예솔이를 보면 행복하게 사는 게 무엇인가 하고 생각하게 돼요. 공부를 잘해도, 인생에서 성공을 해도 행복하지 않은 사람들이 많이 있잖아요. 그런데 예솔이는 좋아하는 음악을 통해 학교생활도 더 잘하고 있고…… 가끔은 저도 저렇게 행복하게 학창 시절을 보냈나 싶다니까요. 호호호."

방문 사이로 새어나오는 부모님의 이야기를 듣던 예솔이는 기분이 좋았다. 그리고 예솔이의 노력과 성장을 인정해주시고 지켜봐 주시는 부모님을 위해서라도 열심히 노력해야겠다는 생각이 들었다. 예솔이는 그날 늦게까지 즐거운 마음으로 발성 연습을 했다.

음악의 재료, 콩나물지도를 낱낱이 알아보자!

한글을 처음 배울 때는 'ㄱ, ㄴ, ㄷ'을 먼저 배우지요? 그리고 영어를 배울 때는 'a, b, c'와 같은 알파벳을 처음 배우고요. 이것들은 글자를 만드는 재료들입니다. 음악에도 음악을 만드는 기본적인 재료들이 있어요. 바로 악보에 표시하는 음악 용어인데, 이 재료를 이용해서 악보를 만들고 그것을 읽고 해석해서 음악을 연주하는 거예요. 음악 용어를 잘 정리해두면 훨씬 풍부한 표현을 할 수 있습니다. 악보를 볼 수 있게 되면 세상의 모든 음악이 더욱 가깝게 다가올 거에요.

악보의 기본 정보(자세한 설명은 책의 뒷부분 음악 이론에 나와 있어요!)

1. 오선

2. 음자리표

3. 음계와 음이름

4. 음표와 쉼표

5. 박과 박자

6. 마디와 세로줄

7. 변화표, 조표, 임시표

8. 목소리의 갈래

9. 연주 형태

10. 줄임말과 연주 순서

11. 셈여림의 표시와 변경

12. 빠르기에 대한 표현

노래에 생기를 불어넣는 리듬치기!

악보를 이루는 기본 재료를 배웠으니 이제 어떻게 읽고 활용하는지

알아야겠죠? 그 첫 번째 시간은 리듬치기입니다.

도레미 노래

풀잎 동요마을   리차드 로저스 작곡

한글에도 띄어쓰기 규칙이 있지요? 이처럼 리듬치기는 악보에 그려진 음표와 쉼표를 보고 숨 쉬는 곳, 길게 읽는 곳을 배우는 시간이라고 생각하면 돼요. 리듬은 정확한 시점에 소리를 내는 것을 기본으로 합니다. 리듬을 잘 읽게 되면 음악의 운율감을 주어서 생동감 있게 표현할 수 있죠.

리듬치기를 할 때 중요한 것은 무의미하게 수를 세는 것이 아니라, 규칙을 지키면서 노래에 생명을 넣어주는 것입니다.

음정을 정확히 알고 부르는 능력, 시창 · 청음!

음악은 우리 생활과 아주 가까워요. TV에서도 CF송이 나오고, 길을 걸을 때, 라디오를 들을 때, 심지어는 통화 연결음에서도 음악을 들을 수 있죠. 그런데 여러분이 그 모든 음을 계이름으로 맞출 수 있다면 어떨까요? 이렇게 악보를 보고 정확하게 부르는 것을 시창이라고 하고, 음을 듣고 맞추는 것을 청음이라고 해요. 노래를 하는 사람들은 이렇게 음의 배열을 듣고 따라서 부를 수 있는 것이 중요해요. 학교종이 땡땡땡, 나비야, 비행기처럼 우리가 어렸을 때부터 불러서 익숙한 간단한 동요들로 연습해보세요.

도레미 노래

풀잎 동요마을

리차드 로저스 작곡

메트로놈 마크

똑딱똑딱 소리를 내며 정확한 박을 나타내는 기계를 메트로놈이라고 불러요. 메트로놈은 오스트리아 비엔나의 엔지니어인 요한 멜첼이 발명했는데, 오늘날까지 정확한 박자를 위해 사용되고 있습니다. 예전에는 추를 이용한 나무로 된 메트로놈을 사용했는데 요즘에는 전자식 메트로놈을 많이 사용해요. 메트로놈에는 기준이 되는 음표와 1분 동안 연주되어야 할 횟수가 표시되어 있습니다.

예 : ♩=82, 1분 동안 4분 음표를 82회 연주할 수 있는 속도

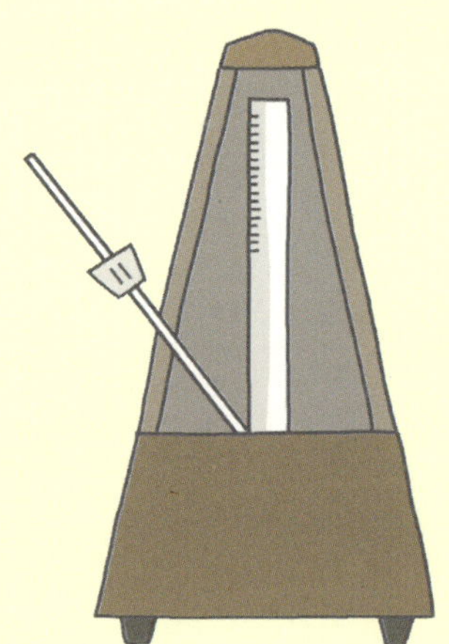

2

차근차근, 순서에 따라 노래를 공부해요

"예솔아, 지난번에는 미안했어. 이거 내가 제일 좋아하는 게임 칩인데, 너한테 빌려줄게. 가지고 놀아."

"그래, 나도 미안했어."

쉬는 시간에 윤호와 준석이가 다가와서 예솔이에게 사과를 했다. 예솔이의 생활에도 변화가 찾아왔다. 더 이상 친구들에게 '웅얼이'라고 놀림을 받지 않았다. 국어 시간이 되면 예솔이는 일어나서 책을 읽었고, 선생님도 이런 예솔이의 모습을 보시고 칭찬을 아끼지 않으셨다.

예솔이는 수민 선배가 알려준 방법으로 목소리를 훈련하면서 더욱 자신감을 키워갔다. 이제 어디에서도 당당하게 자신을 표현할 수 있을 것 같았다.

"가창 시험이 2주 앞으로 다가왔어요."

"아, 이번에도 앞에 나가서 부르는 거예요?"

종례 시간, 선생님의 말씀을 듣고 여기저기서 탄식 소리가 들렸다.

"그럼요, 앞에 나와서 노래를 부르는 게 쉽지는 않겠지만 사람들 앞에서 부르는 실력이 진짜 자기 실력이에요. 다음 달에는 교내 합창 대회도 있으니까 열심히 연습하세요."

가창 시험은 아이들이 특히 싫어하는 시험이다. 한 명씩 앞에 나가서 노래를 부르는 일이 엄청 부담스럽기 때문이다.

예솔이는 그날부터 노래를 연습하기 시작했다. 수업이 끝나면 혼자서 매일매일 음악실에 내려가 노래를 불렀다. 국어 시간이 되면 책도 열심히 읽었다. 점심시간에 시간을 내서 발성 연습을 하고, 가사를 읽으면서 연기 연습을 했다.

ㄱㄴㄷㄹㅁㅂㅅ

그러던 어느 날, 아침에 일어났을 때 목이 따끔거리더니 무언가 목에 걸린 듯이 소리가 났다. 예솔이는 너무 당황스러웠다. 아무리 연습을 해도 목소리는 좋아지지 않았다.

"선배님, 제 목소리가 왜 변한건가요? 저는 정말 열심히 노래 연습을 했는데 오히려 노래를 더 못하게 됐어요."

걱정이 된 예솔이는 수민 선배를 찾아가 물어봤다.

"예솔이가 그동안 어떤 방법으로 연습을 했는지 말해줄래?"

예솔이의 이야기를 들은 수민 선배는 말을 이어갔다.

"어느 날 뚝딱하고 노래를 잘하게 되는 건 아니야. 노래를 잘 부르기 위해서는 목도 잘 관리해주어야 해. 우리 몸에서 소리를 내게 해주는 성대는 호흡을 할 때와 말할 때 그리고 노래할 때 사용하는데, 가끔씩 말도 줄이고 연습도 쉬어줘야 성대를 회복할 수 있어. 물건을 너무 많이, 오래 쓰면 망가지는 것처럼 성대도 쉬지 않고 너무 많은 일을 하면 망가져버려. 예솔이는 평소에 책도 많이 읽고 말도 많이 하지? 말을 할 때도 항상 울림을 가지고 말해야 성대에 무리가 가지 않아. 예솔이 혹시 늦게까지 공부하니?"

"요즘에는 책을 읽다 보면 신이 나서 예전보다는 늦게 자요."

"잠은 목에 가장 좋은 휴식이야. 항상 적당한 수면을 유지해야 돼. 특별히 밤을 새거나 지나치게 잠을 적게 자면 성대와 성대 주변의 근육들이 긴장되고 피곤해진단다. 더욱이 예솔이처럼 성장기의 학생들이 잠이 부족하면 키가 덜 자랄 수도 있기 때문에 잠은 충분히 자야 돼.”

“그렇구나. 하지만 말을 하는 직업을 가진 사람들은 매일매일 목을 사용하잖아요.”

“성악가나 아나운서들은 목이 일을 하는 도구이자 악기이기 때문에 평소에도 목을 관리하고 건강에도 신경을 많이 쓴단다. 그래서 듣기 좋고 건강한 목소리를 유지할 수 있는 거야. 하지만 목을 관리하는 방법이 그렇게 까다롭거나 복잡하지는 않아. 평소에 큰 소리를 지르지 않는다거나, 물을 자주 마시고, 추울 때는 목도리를 꼭 둘러서 감기에 걸리지 않는 것이 그 방법이야. 물론 세계적인 성악가 중에는 소금물로 가글을 하거나, 자신만의 독특한 방법으로 목을 보호하기도 하지만 일반적인 방법으로도 충분히 건강한 목소리를 유지할 수 있단다.”

“저는 목을 따로 관리해줘야 한다는 생각은 못했어요.”

“그래, 예솔이는 목소리를 가꾸고 또 개발하는 단계니까 더욱 신경 써줘야겠지? 그리고 노래 연습을 할 때도 음역을 주의해야 해. 음역은 음정의 높고 낮음을 말하는데, 보통 초등학생들은 아주 높은 음정이나 아주 낮은 음정을 부를 필요가 없기 때문에 따로 무리하게 연습하지 않는

게 좋아. 무리해서 연습을 하다 보면 금세 목이 지쳐 버린단다. 자신이 편안하게 낼 수 있는 정도를 연습하면서 아주 조금씩, 조금씩 늘려가는 게 효과적이야."

"그렇다면 저도 목이 회복될 때까지 쉬면 될까요?"

"성장기에는 회복도 빠르니까 상태에 따라서 적당히 쉬면 돼. 예솔이 목소리를 들어보니 이틀 정도면 충분할 것 같구나."

"그럼 그동안 저는 무얼 하면 좋을까요?"

"노래를 연습할 때는 목 관리뿐만 아니라 그 노래에 대해 아는 것도 중요해. 잘 알지 못하는 노래를 무작정 부르기만 해서는 정확한 발성으로 노래를 할 수 없어. 쉬는 동안 노래 공부하는 순서를 배워보도록 하자. 목이 다 나으면 그 순서대로 차근차근 연습을 하면 돼."

"노래 공부에도 순서가 있다고요? 하지만 보통, 음악을 들은 대로 따라서 부르지 않나요?"

"그러는 경우도 많지. 하지만 덧셈과 뺄셈이 마음대로 되지 않고, 기본 공식을 배우지 못한 학생이 어려운 수학 문제를 바로 해결할 수 없듯이 노래도 기본기를 정확히 알고 충분히 연습하는 것이 중요해. 물론 가진 음색이 무척 좋다거나 음악을 표현하는 능력이 뛰어나다면 노래를 잘하는 것처럼 들릴 수도 있지만 타고난 사람들도 꾸준히 연습하고 연구해야 더 나은 노래 실력을 갖추게 되는 거야. 그리고 어렸을 때 했던 훈련이 어른이 되어서도 습관으로 남기 때문에 처음에 배울 때 정확한 연습 방법을 익히는 게 중요해. 어려운 노래로 기교를 부리기보다는 단순한 선율로 감동을 주는 거지."

"하지만 음악 시험이 일주일도 남지 않았는걸요."

"하루아침에 모든 성공을 이룰 수는 없는 거야. 세계적인 성악가 루치아노 파바로티는 좋은 가수란, 좋은 목소리와 똑똑한 머리 그리고 참을성이 필요하다고 말했어. 조급함을 버리는 게 우선이라는 거지. 사람의 목소리는 꾸준히 개발할 수 있기 때문에 음악에 대한 열정과 즐거움을 잊지 말고, 똑똑한 머리로 연습량과 연습 방법을 잘 조율해보자."

"네."

예솔이는 한결 밝아진 표정으로 대답했다.

노래를 공부하는 9가지 순서

악보를 받으면 무턱대고 노래를 부르는 친구들이 많은데, 그러면 목이 금세 상할 수 있고, 음정을 정확하게 잡기도 어려워요. 한 곡을 부르더라도 그 곡을 충분히 이해해야 노래를 더 잘 부를 수 있지요. 부를 곡을 정한 다음에 다음 순서를 따라서 공부해보세요. 다음 순서대로 곡을 익히면 혼자서도 충분히 연습을 할 수 있습니다.

1. 노래를 느껴보세요!

우선 악보를 보면 가사 내용을 살펴보세요. 이 곡이 슬픈 노래인지, 기쁜 노래인지 확인해보는 것이죠. 만약 그 노래가 동시를 인용했다면 소리 내서 시를 읊듯이 읽어 볼 수도 있고, 동화의 내용이 포함되어 있다면 책을 찾아 읽거나 줄거리를 찾아 읽어보기도 하는 것이죠. 만약 가사가 대화체라면, 연극을 하듯이 가사를 읽어보세요. 주인공이 된 기분으로 음색과 성량, 표현력을 발휘해서 읽어 보는 것이에요.

그런 다음 음의 흐름을 살펴봅니다. 이 곡이 빠른 노래인가 느린 노래인가, 음역은 어디까지인지, 악상기호, 선율, 박자를 통해 곡의 느낌을 파악해야 해요.

지금까지 알아본 느낌들을 첫 소절 앞에 간단히 표시하는 것도 좋은 방법입니다. 즐거운 노래는 스마일 표시를 😊, 슬픈 노래는 우는 표시 😢 등 간단하게 말이에요. 그리고 노래 중간에 분위기가 바뀔 때도 표시를 해두면 좋겠지요?

2. 소리 내서 읽어보세요!

가사를 노트에 띄어쓰기에 맞춰서 써보세요. 그런 다음에 소리 내어 읽어봅니다. 악보에 적혀 있는 대로 낭독을 하면 정확한 띄어쓰기대로 읽을 수가 없어서 가사의 의미를 충분히 살릴 수 없어요. 내용을 생각하면서 느낌을 살려서 낭독을 해보세요.

잠깐! 가사는 어떻게 붙여지는 것일까요?

첫째, 시나 극의 대본처럼 음악이 만들어지기 전에 쓰입니다.

둘째, 음악과 가사는 쌍둥이! 음악의 창작과 동시에 작곡가가 작품에 붙여줍니다.

셋째, 이미 존재하던 음악에 맞게 창작되어 붙여집니다.

3. 강약을 조절해서 리듬을 익혀요!

박자표를 보고, 메트로놈을 확인해서 곡의 속도와 박자를 마음속으로 정했다면 다음에는 순서에 맞춰서 리듬을 충분히 익혀보세요.

- 첫 번째 읽을 때는 쉬는 부분을 체크하면서 읽습니다.

- 두 번째 읽을 때는 전체적인 곡의 흐름을 읽으면서 어려운 리듬이 나오는 곳은 연필로 표시합니다.

- 세 번째 읽을 때는 어려운 리듬을 따로 읽습니다.

- 네 번째 읽을 때는 전체의 흐름을 끊지 말고 읽습니다.

- 그리고 다섯 번째 읽을 때는 리듬에 가사를 붙여줍니다.

곡의 난이도에 따라 리듬 읽는 횟수를 조절해가며 읽으면 됩니다. 느린 곡은 2번만 읽고도 다음 단계로 넘어갈 수 있고, 빠른 곡이나 어려운 리듬이 있는 노래는 4번 이상 읽는 것이 좋습니다. 그런 다음 리듬에 맞춰서 가사를 소리 내서 읽어보세요. 리듬을 충분히 익혔다면 한두 번이면 충분할 거예요.

4. 피아노와 함께 음정을 익혀요!

음정을 익힐 때는 건반악기가 필요해요. 멜로디언이나 피아노로 음정을 하나하나 쳐가면서 정확한 음정을 맞춰보는 것이지요. 계이름을 먼저 확인하고, 가사를 붙여서 읽어보세요.

5. 처음부터 끝까지 노래를 불러보아요!

드디어 노래를 부를 시간이 왔어요. 하지만 처음부터 큰 소리로 노래를 부르는 건 아닙니다. 처음부터 끝까지 가사를 붙여서 작은 소리로 불러야 해요. 부르던 중 음정이 잘 맞지 않거나 리듬이 복잡해서 헷갈리는 부분은 표시를 하면서 말이에요.

6. 안 되는 부분만 쏙쏙 골라 불러요!

표시한 부분만 2~3번 반복을 해서 연습해야 합니다. 틀리는 부분은 계속해서 틀리기 쉽거든요. 하지만 틀리는 부분이 고음이라면 이때에는 음정을 한 옥타브 내려서 연습하고, 음을 내지 말고 가사와 박자만 연습해야 합니다. 목에 무리가 갈 수 있으니까요. 즉, 스타카토와 피아노(P, 여리게)로 부족한 1~3마디 정도만 연습해보세요!

7. 보기 쉽게 악상기호를 표시해요!

모든 준비가 다 됐어요! 이제 악보에 나와 있는 악상기호 중 2~3군데 포인트를 정해서 눈에 잘 보이도록 색깔 펜으로 표시해보세요. 교과서를 읽다보면 중요한 부분에 ☆을 표시하기도 하고, 줄을 긋기도 하지요? 보충 설명을 적어 넣기도 할 거예요. 악보도 정확하게 파악하기 위해서는 그런 작업이 필요해요. 하지만 노래를 부르다 보면 순간적으로 지나갈 수 있기 때문에 알아보기 쉽게 색깔 펜으로 간단하게 표시하는 게 좋습니다. 곡의 느낌을 살려 속으로 흥얼거리면서 스스로 강조하고 싶은 부분을 표시해도 좋아요.

8. 무대 위의 내 모습을 상상해보아요!

이제 무대에 서기 위한 아이디어를 넣어야 해요. 어떤 상황에 부르냐에 따라서 중간에 내레이션을 넣거나 간단한 안무를 넣기도 하지요. 입장을 다른 곳에서 하거나 사탕이나 풍선, 꽃 등을 이용하거나, 퇴장하면서 노래를 마치거나 손을 펼쳐서 크게 마무리하는 등 다양한 아이디어를 첨가해보세요.

9. 감정을 듬뿍 담아 노래해요!

반주에 맞춰서 또는 녹음을 하면서 2~3번 반복을 해봅니다. 반복하면서 부르다 보면 첫 번째 부를 때보다 더욱 깊은 감성을 실어서 노래할 수 있어요. 즉, 기계적인 반복이 아니라 노래의 가사에 맞게 풍경이나 감정을 떠올리면서 창조적으로 반복하는 거죠. 단, 목에 무리가 갈 때는 충분한 휴식 시간을 가져야 해요.

또 녹음, 녹화한 내용을 보고 자세와 가사, 음악적 표현을 확인하면서 실제 무대에 올라가서 노래를 하듯이 불러보면 노래 실력이 쑥쑥 자랄 거예요.

레슨 포인트

첫소리와 플랫

정확한 시점에 정확한 음정은 필수입니다! 특히 첫 음정을 정확히 잡는 것이 중요해요. 첫소리가 명확하지 않으면 노래하는 동안 계속해서 음정이 흔들리거든요.

노래를 할 때 정확한 음정을 내는 것은 생각보다 어렵습니다. 하지만 틀린 음정을 내는 것은 책에서 틀린 글자가 나오는 것과 같아요. 틀린 글자가 많이 나오면 그 책의 내용을 믿기 힘들겠죠? 노래도 마찬가지에요. 아무리 박자가 정확해도 음정이 틀리면 그 사람의 노래는 듣기 힘들지요. 그래서 음정을 정확히 내는 연습을 많이 해야 합니다.

음이 플랫(♭,떨어짐)되거나 샵(♯, 올라감)이 될 때 해결 방법을 잘 확인해 보세요.

1. 호흡을 충분하게 해서 편안한 상태로 노래하기

2. 스타카토의 작은 소리로 음정 확인하기

3. 다른 파트와의 화음을 생각해서 미세하게 음정 맞추기

음표만큼 충분히 끌기

노래를 부르다 보면 많은 친구들이 온음표와 2분 음표를 지속적으로 소리 내지 못합니다. 하지만 그럴 경우에 음악이 툭툭 끊기는 느낌이 나기 때문에 꼭 정해진 박자만큼 충분히 끌어줘야 돼요. 또 호흡은 가사 내용에 맞춰서 정해진 자리에서 쉬어야 해요. 말을 할 때도 조사를 따로 떼어내서 쉬거나 한 문장이 완성되었는데도 쉬지 않으면 '아버지 가방에 들어가신다'가 되겠죠?

노래하면서 미소 짓기

노래를 할 때는 슬프거나 격렬한 노래를 할 때를 제외하고는 항상 웃어야 합니다. 광대뼈를 올리고 활짝 웃는 얼굴만으로도 음정이 정확해지고, 공명을 활용하는 데도 큰 도움이 돼요. 발성 연습을 할 때부터 거울을 보고 늘 미소를 띠고 노래를 해보세요. 그러면 소리도 명쾌해지고 올라가는 음정도 바로 잡을 수 있습니다. 특히 노래를 부를 때의 표정도 좋아져 주변 사람들이 칭찬을 많이 해줄 거예요.

악보를 외워 기억하는 암보법을 익혀보세요!

한 곡을 연습할 때는 가사 공부–악보 분석–암보–표현의 단계를 거쳐
야 해요. 노랫말을 외우면 훨씬 더 풍부한 음악을 만들 수 있기 때문에
되도록이면 악보는 외우는 게 좋습니다.

시험 공부할 때 공부 내용을 외우느라 많이 힘들고 지겨웠죠?

하지만 노래를 외우는 것은 음악의 흐름을 타고 가기 때문에 그렇게 지
겹지만은 않아요. 악보를 익히면서 가사의 내용을 먼저 외워보세요. 잘
외워지지 않으면 반주의 흐름을 따라 가면서 기억을 찾아가는 것도 좋
은 방법입니다.

문제는 절로 이루어진 유절곡입니다. 같은 멜로디에 다른 가사들이 나
올 때는 많이 헷갈리겠죠?

가수들도 1절과 2절이 헷갈려서 종종 바꿔 부르는 실수를 하곤 합니다.
그럴 땐 첫 가사만 떼서 외우거나 가사 내용을 따라가면서 외우면 쉽게
외울 수 있습니다.

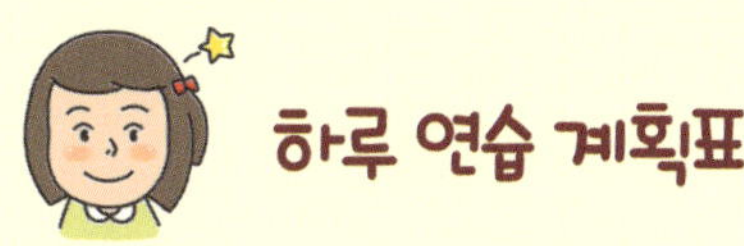

하루 연습 계획표

노래 레슨은 보통 40분~1시간 단위로 되어 있어요. 일주일에 1~3번 정
도 이 계획표를 따라 연습을 해보세요.

이름	내용	종류	시간
워밍업	연습을 할 때 몸의 기관들이 말하는 상태에서 노래하는 상태로 바뀌는 시간이 필요합니다. 준비운동 같은 것이죠. 수영을 하기 전에 꼭 준비운동을 하지요? 노래할 때도 우리의 몸과 마음이 준비할 시간을 줘야 합니다.	몸풀기 운동	3~5분
		호흡	5~8분
		발성	10~15분
본 연습	악보를 외웠어도 악보를 준비해야 해요. 놓치는 음악 표현은 꼭 있기 마련이거든요.	노래	3~5분
		부분 연습	10~12분
		반복	6~10분
쿨 다운	쿨 다운하니까 쿨쿨~ 자는 모습이 떠오르지 않나요? 쿨 다운은 편안한 곡을 한 번 부르거나, 음악을 들으면서 정리하는 시간입니다.	정리	3~5분

표현의 완성, '하모니'

"에-델바이스- 에-델바이스 아-침 이슬에 젖-어-♬"

"좋아, 다음 순서 나오세요."

1분단부터 차례대로 가창 시험을 보러 나가고, 이제 3분단이 노래할

차례다.

'어우, 떨려~'

'나도 나도'

아이들은 자신의 차례가 다가오자 바짝 긴장하고 있었다. 일찍 노래

를 부른 친구들은 아쉬워하면서도 홀가분해 보였다.

예솔이는 수민 선배를 만나고 이틀 동안은 목소리를 많이 쓰지 않았다. 잠도 푹 자고 밥도 잘 먹었다. 특히 식사 후에 엄마가 타주시는 달콤한 모과차를 마시면 목이 촉촉해지는 기분이 들었다.

4분단 셋째 자리, 예솔이의 순서가 다가왔다. 앞으로 나가서 노래를 부르기 시작했다.

"에—델바이스— 에—델바이스— 마—음속의 꽃이—여—♪"

예솔이의 목소리에서 청아하고 맑은 소리가 울렸다. 예솔이의 달라진 모습에 모두 넋을 잃고 바라보았다.

"오늘 가창 시험 보느라 다들 많이 떨렸죠?"

"네."

"그래도 대부분이 연습한대로 잘해주었어요. 남은 시간 동안 학급 회의를 했으면 해요. 합창 대회 지휘자를 뽑으려고 하는데, 우리 반은 누가 지휘를 하면 좋을까요? 하고 싶은 사람 손 들어보세요."

가창 시험이 끝나자 선생님은 반 친구들에게 합창 대회에 대해 물었다. 예솔이네 학교는 매년 시 대회에 입상할 정도로 합창 대회에 대한 관심과 정성이 대단하다. 그리고 이번에도 변함없이 합창 대회의 시기가 다가 온 것이다.

“아무도 없나요? 친구를 추천해도 좋아요.”

“예솔이요.”

“김예솔이요.”

미리 약속이라도 한 듯이 모두 예솔이의 이름을 외쳤다. 예솔이는 얼떨떨하면서도 내심 기분이 좋았다.

“예솔이가 인기가 좋네요.”

아이들은 모두 예솔이가 합창 지휘를 하는 게 당연하다고 생각을 한 것 같았다.

"그래, 예솔이는 목소리가 좋으니까 친구들 발성 연습도 잘 시켜줄 것 같아요. 그럼 따로 투표하지 않고 예솔이가 우리 반 지휘를 맡는 걸로 하지요. 예솔이, 잘할 수 있지요?"

"네, 열심히 해볼게요."

선생님의 격려에 예솔이는 씩씩하게 대답했다.

요즘 학교는 합창 대회 준비로 시끌벅적하다. 수업이 끝나면 각 교실과 강당에서 들려오는 노랫소리로 학교가 들썩들썩할 정도이다.

예솔이도 수민 선배에게 배운 내용을 바탕으로 친구들을 열심히 가르쳤다. 실력 있는 합창단을 검색해서 동영상을 찾아보기도 하고, 멋있는 대열과 복장도 꼼꼼히 확인해나갔다.

하지만 문제는 다른 곳에 있었다. 수업 시간을 제외한 시간에 짬짬이 연습을 해야 하기 때문에 반 친구들이 모두 모여서 연습하는 것이 쉽지 않았다. 수업이 끝나고 학원을 가야 하는 친구들, 점심시간에는 축구를 하는 친구들이 있는가 하면, 연습 시간이면 이 핑계 저 핑계로 연습을 빠지는 친구들도 있었다.

어렵게 다 모였을 때도 화음을 이루는 것이 쉽지 않았다. 다른 파트 소리를 들으며 서로 어울려서 노래를 해야 하는데, 음정이 헷갈리는지 자기 소리만 크게 내려고 했다. 수민 선배도 지난주부터 해외 공연을 떠나서 고민을 털어놓을 사람도 없었다.

"선생님은 교무실에서 교무 회의를 하고 올 테니, 합창 대회 때 입을 옷이랑 자리 배치에 대해서 학급 회의를 하고 있으세요. 시간이 조금 남으면 합창 연습도 하고요. 예솔이가 앞으로 나와서 회의를 진행할 래요?"

선생님은 예솔이를 앞에 세우고 교무실로 내려가셨다.

"내가 그동안 다른 합창단들이 무대에 서는 모습을 지켜봐 왔는데 의상을 하나로 통일하는 게 깔끔해 보이더라고. 그리고 자리 배치는 아무래도 작은 사람은 앞에 서고 큰 사람이 뒤에 서는 게 더 나을 것 같아. 너희 생각은 어떠니?"

“나는 깔끔하게 청바지에 흰 티를 입으면 좋을 것 같아.”

“유치하게 그게 뭐냐? 그냥 자유복으로 하자. 꼭 맞춰 입어야 해?”

“그래, 나 흰 티셔츠 없단 말이야.”

“근데 예솔아, 노래할 때 손은 어떻게 할 거야?”

“두 손을 앞으로 잡아야지. 동요 대회도 안 봤냐?”

“우리가 동요 대회 나가는 것도 아니잖아.”

“난 뒷짐 지고 할래.”

회의가 시작되자 예솔이는 정신이 하나도 없었다. 선생님이 안 계시다 보니 저마다 한마디씩 하느라 의견이 모아지지 않았다.

“나는 만날 맨 앞자리에 앉으니까 무대 위에서는 높은 단에 올라갈래.”

키가 가장 작은 지원이가 얘기했다.

“너는 땅콩 같이 쪼끄마니까 그냥 맨 앞에 있어.”

윤호가 비꼬듯이 지원이의 약점을 꼬집어 말했다.

“뭐야? 너도 작기는 마찬가지면서 누구 보고 땅콩이래?”

“야, 내가 어떻게 너랑 같냐. 땅콩이 화내니까 불에 탄 땅콩이네~.”

“와하하”

“뭐어? 윤호, 너!”

윤호와 지원이가 싸울 듯 씩씩거리자 분위기가 더욱 나빠졌다. 더 이상 학급 회의를 진행할 수가 없었다.

"안 되겠다. 의견 통일이 안 돼. 회의는 선생님이 오시면 그때 다시 하도록 하자. 선생님 오시기 전까지 연습하고 있을까?"

어쩔 수 없이 회의를 멈추고 노래 연습을 했다. 하지만 그날은 더욱 화음이 이루어지지 않았다. 학급 회의에서 분위기가 안 좋아진 후라 서로들 예민해져 있었다. 지원이를 비롯한 여자 아이들이 큰 소리를 내면 윤호와 남자 아이들은 더 크게 소리를 질렀다. 마치 누가 소리를 크게 내는지 대결하는 듯 했다.

"얘들아, 그렇게 하지 말고 작게 내야지. 안 그러면 목을 다칠 수 있단 말이야."

예솔이는 음악 시험 전 목소리가 상했던 것이 기억나 아이들을 달래며 연습을 진행했다. 하지만 예솔이의 계속된 부탁에도 아이들은 아랑곳하지 않고 소리를 크게 냈다.

"야! 작게 내라니까!"

그때, 예솔이의 목소리가 교실을 울렸다.

"그런 식으로 소리 내면 화음이 안 되잖아! 악악 하고 소리 지르지 말라고!"

회의 시간부터 짜증이 밀려왔던 예솔이는 자기도 모르게 버럭 소리를 질렀다. 순간 정적이 흘렀고 예솔이도 '아차!' 하는 생각이 들었다.

"뭐야~ 김예솔. 다른 파트 소리가 너무 크게 들려서 헷갈린단 말이야."

"그래, 너 이거 일등해서 자랑하려고 매일같이 우리 연습시키는 거지?"

윤호와 준석이가 예솔이를 공격했다. 예솔이는 당황스러웠다. 다 같이 잘해보기 위해서 친구들에게 요구한 것인데, 그 마음을 이해해주지 않는 친구들이 섭섭했다. 지휘자로 뽑아놓고는 협조해주지 않는 친구들이 밉고 야속했다.

"나, 나는, 그게 아니고……."

반 분위기가 어수선해진 그때, 담임 선생님이 들어오셨다.

"너희 지금 뭐하는 거니?"

"……"

"선생님이 조금 전부터 지켜보고 있었는데 여러분은 아직 합창 대회를 즐길 준비가 안 돼 있는 것 같아요."

"……"

"합창은 혼자서 하는 게 아니에요. 우리가 혼자서는 뭐든 다 할 수 있다고 생각하지만 합창은 달라요. 합창은 나와 상대방의 약속이에요. 자기 것을 지켜내면서 남의 것을 듣고 배려해야 하모니가 이루어 질 수 있는 거죠. 조화를 이루지 못하는 꿈들은 절뚝이기 마련이에요. 오케스트라와 합창은 모든 단원이 조화로운 소리를 낼 때 세상에서 가장 아름다운 소리를 낼 수 있기 때문에 선생님은 여러분이 함께 모여 하나의 목표를 위해 협동하는 모습을 원했어요. 하지만 그렇지 않은 모습에 많이 실망이 되는군요. 이제부터 선생님은 이번 합창 대회에 대해서는 참견하지 않겠어요. 합창 대회에 참가할지 참가하지 않을지는 여러분이 스스로 선택하도록 하세요."

선생님은 종례를 하시고 교실 밖으로 나가셨다. 반 아이들은 자신의 소리만 내려고 했던 게 후회됐지만 이미 돌이킬 수 없었다. 모두 주섬주섬 가방을 싸들고 집으로 돌아갔다.

그다음 날부터 예솔이네 반에서는 노랫소리를 들을 수 없었다. 위기가 찾아온 것이다.

그렇게 주말이 찾아왔다.

부모님도 시무룩한 모습으로 있는 예솔이를 걱정하셨다. 주말 내내 예솔이는 노래 연습을 하지도, 지휘 연습을 하지도 않고 방 안에만 들어가 있었다. 밥맛도 없었다.

"예솔아, 조금이라도 먹어야지."

엄마가 자꾸 권하는 게 미안해서 예솔이는 할 수 없이 식탁에 앉았다.

"그 후로 연습을 한 번도 하지 못한 거니?"

“네.”

엄마의 물음에 예솔이는 한숨을 쉬며 대답했다.

밥을 먹는 둥 마는 둥 숟가락을 놓은 예솔이는 방에 들어가서 그동안 연습했던 빨간 노트를 들여다봤다. 매일 매일 연습한 횟수를 적어 놓은 작은 연습장도 펴 보았다. 예솔이는 그동안의 노력이 물거품이 되는 것 같아서 속상했다. 그동안 찾아봤던 다른 합창단의 동영상을 보다가 조금 전 TV 프로그램에서 나온 합창 장면을 보았다.

"Nella Fantasia~"

컴퓨터 모니터에서는 서른 두 명의 사람들이 나와서 노래를 부르고 있었다. 개그맨, 가수, 리포터, 아나운서, 운동선수…… 각기 다른 분야에 있었지만 합창 대회에 나가기 위해서 바쁜 와중에 스케줄도 조절해가며 열심히 연습을 하고 있었다. 완벽하지는 않았지만 너무나 아름다운 노랫소리가 흘러나오고 있었다.

'정말, 이번 합창 대회를 이렇게 포기해야 하나?'

잠자리에 들었지만 예솔이는 쉽게 잠이 오지 않았다.

교실은 웅성거렸다. 장난을 치는 사람도, 떠드는 사람도 없었다. 다들 주말 저녁에 본 TV 프로그램의 합창 대회 이야기를 하였다. 이야기를 하는 친구들의 표정에 아쉬움이 느껴졌다. 이때 예솔이가 일어나 친구들에게 말했다.

"애들아, 우리 진짜 합창 대회 안 나갈 거야?"

아이들은 책상만 쳐다볼 뿐 아무도 말을 하지 않았다. 그런 아이들을 보면서 예솔이는 혼잣말처럼 중얼거렸다.

'그러니까…… 그래도 그동안 열심히 연습했는데.'

아이들 중 고개를 드는 사람이 몇 있었다. 그 눈빛에는 무언가 하고 싶다는 간절한 소망이 담겨 있었다. 예솔이는 용기를 내어 말했다.

"선생님께서 그러셨잖아. 합창 대회에 나갈 건지 안 나갈 건지는 우리가 선택하는 거라고. 난 지금 손을 들어서 다수결로 결정했으면 좋겠어."

예솔이의 말을 들은 아이들은 숨을 죽였다. 서로의 눈치를 보며 누군가 결정을 내려주길 바라는 것 같았다. 이때 교실 한쪽에서 모기 소리만한 목소리가 들려왔다.

"난… 하고 싶은데…"

커다란 덩치에 비해 목소리가 가늘어서 항상 친구들에게 놀림을 당하는 민호였다. 평소에 아이들의 웅성거림에 묻혀버리던 작고 가느다란 목소리가 오늘은 유난히 크게 들렸다.

"응? 뭐라고?"

예솔이는 자기의 귀를 의심하고 민호에게 다시 물었다.

"난…… 합창 연습……하고 싶어. 합창 대회에 나가고 싶어. 이렇게 노래하는 게 정말 좋아."

민호의 말이 끝나자 여기저기서 목소리가 들려왔다.

“나도 하고 싶어.”

“나도 할래!”

“하자! 우리 합창 대회 나가서 일등하자!”

예솔이는 가슴이 뭉클해졌다. 예솔이도 아이들과 함께 꼭 합창을 하고 싶었다. 처음으로 지휘봉을 잡고, 반 아이들과 한마음으로 노래를 부르는 것이 정말 좋았다. 반 아이들과 함께 합창 대회 무대에도 꼭 서 보고 싶었다. 일등을 못 해도 좋았다. 한 가지 목표를 향해 모두 같이 노력해서 무대에 서는 것만으로도 가슴이 뛰었다.

예솔이는 아이들의 얼굴을 하나하나 둘러보았다. 친구들의 눈빛도 예솔이와 같은 눈빛이었다. 예솔이가 고개를 살짝 끄덕이자 친구들 모두가 알았다는 듯이 고개를 끄덕였다. 누구도 목소리를 내지 않았지만 모두 서로의 마음을 알 수 있었다.

수업이 끝나고 예솔이네 반 아이들은 학교 뒤편 작은 공원에 모였다. 오랜만의 연습이라 아이들의 얼굴엔 긴장감마저 돌았다.

“음, 음~”

“아, 아~”

자기 나름대로 목을 풀고 무대 위에 설 때와 같은 대열을 맞췄다. 지휘봉을 잡은 예솔이의 손도 살짝 떨렸다.

연습이 시작됐다. 오랜만의 연습이라 틀린 부분도 있었지만 아이들은 즐겁게 노래를 불렀다. 아이들은 자기 목소리만 크게 내려고 했던 예전 모습이 아니라 친구들을 먼저 배려하는 모습이 역력했다.

그렇게 일주일이 지나고 월요일 아침이 되었다. 선생님이 들어오시자 교실은 쥐 죽은 듯 조용했다.

"주말 잘 보냈나요?"

"네."

"날씨가 참 좋네요. 다들 날씨처럼 기분 좋게 하루를 보내길 바랄게요."

"저, 선생님."

"응? 예솔이 무슨 할 말 있니?"

다소 긴장된 듯한 예솔이의 목소리가 교실에 울려 퍼졌다.

"네, 다른 게 아니라 선생님께서 합창 대회에 나갈지 저희보고 결정하라고 하셨잖아요. 그래서 아이들과 이야기해봤는데요, 저희, 합창 대회에 나가기로 결정했어요. 그동안 수업 끝나고 저희끼리 모여 연습을 하긴 했는데, 선생님께서 한번 들어봐 주시겠어요?"

선생님은 환하게 웃으며 대답하셨다.

"그럼, 물론이죠."

"얘들아."

예솔이의 말을 기다렸다는 듯 아이들이 조용히 교실 뒤편으로 걸어나 갔다. 아이들은 자기 자리에 선 다음 예솔이의 신호를 기다렸다. 예솔 이는 두근거리는 마음으로 선생님을 한 번 바라보고 아이들 쪽으로 돌 아섰다. 예솔이는 아이들 앞 한가운데 섰다. 가슴이 두근거렸다. 지난 일주일 동안 한마디 불평도 없이 자기를 따라준 친구들의 눈동자가 모 두 자신을 보고 있었다.

예솔이는 숨을 크게 들이쉰 다음 뒤로 돌아 선생님을 바라보았다. 선생 님은 조용히 미소를 짓고 계셨다. 예솔이는 선생님께 살짝 고개를 숙여 지휘자로서의 예의를 갖췄다. 선생님도 살짝 고개를 숙여 답해주었다.

다시 뒤돌아 아이들을 향해 선 예솔이의 손이 서서히 올라가더니 힘차 게 양 옆으로 뿌려졌다. 그 손동작을 기다렸다는 듯 아이들 모두의 목소 리가 하나로 합쳐져, 소나기 소리처럼 교실 가득히 퍼져나갔다.

노래가 끝나고 예솔이는 숨을 고르며 고개를 돌렸다. 선생님은 어떤 표정을 짓고 계실까? 선생님의 반응이 궁금했다. 예솔이는 깜짝 놀랐 다. 선생님의 눈가에는 촉촉하게 눈물이 맺혀 있었다. 선생님은 눈물을 닦고 아이들을 둘러보며 말씀하셨다.

"일주일 동안 선생님은 참 많은 생각을 했어요. 그리고 우리가 합창 대회에 나가는 의미를 여러분이 잘 모르고 있다는 생각에 여러분에게 실망도 많이 했어요."

다들 조용히 선생님의 말씀에 귀를 기울였다.

"뉴욕에는 오르페우스 체임버 오케스트라라는 팀이 있어요. 그 팀은 악기 연주를 할 때 지휘자가 없어요. 그런데도 완성도 높은 훌륭한 음악을 연주하지요. 어떻게 그럴 수 있을까요? 바로 서로의 작은 움직임과

호흡을 느끼며 연주를 하기 때문이에요.”

조용한 교실에는 차분한 선생님의 목소리가 울려 퍼졌다. 선생님은 아직도 감동이 가시지 않은 듯 잠시 말을 멈추고 사랑스런 눈빛으로 아이들을 둘러본 뒤 다시 말을 이었다.

“선생님은 대회날까지 남은 시간 동안 여러분이 서로를 느끼고 호흡을 하며 같이 노래를 해주었으면 좋겠어요.”

아이들의 얼굴에 하나 둘 웃음이 떠올랐다.

“선생님, 그러면 저희 대회에 나가도 되는 거예요?”

“그래요. 여러분, 그동안 노래 부르고 싶었죠?”

“네!”

모두 한 목소리가 되어서 대답했다.

“좋아요. 남은 시간 동안 열심히 연습해주세요. 그런 의미로 오늘 연습 시간에 선생님이 아이스크림을 쏠게요.”

“와~”

다들 기쁨의 소리를 질렀다.

“예솔이는 잠깐 선생님 좀 볼까?”

교실 밖으로 나가시면서 선생님이 말씀하셨다.

교무실에서 선생님은 예솔이를 앞에 앉혀 놓으시고 말씀하셨다.

“예솔아, 그동안 많이 힘들었지?”

“아니에요. 다만 앞으로 합창 소리를 듣지 못하게 될까 봐…….”

예솔이는 말을 잇지 못했다.

“그래, 그랬을 거야. 리더는 참 중요한 역할을 해. 혹시 박칼린이라는 지휘자를 아니? 박칼린이 지휘자로서 합창 단원들을 하나로 묶을 수 있었던 것은 카리스마 넘치는 음악에 대한 확신도 중요했지만, ‘사랑합니다’라고 말하며 진심으로 단원들과 소통하려고 했기 때문이야. 선생님은 이번 학기에 예솔이가 많이 발전하고 달라진 모습을 보여줘서 참 자랑스러워. 하지만 선생님이 한 가지 더 바라는 모습이 있다면 친구들이 조화로운 소리를 내도록 예솔이가 친구들을 도와주는 조력자가 되어 주었으면 해. 진짜 리더는 상대에 대한 배려와 전체를 조율하는 능력을 가진 사람이거든.”

“네, 그렇게 노력할게요.”

조용하지만 똑똑하게 대답하는 예솔이를 바라보는 선생님의 눈빛에는 사랑과 믿음이 가득했다.

합창 대회 날, 학교 강당에는 "2011 라라 초등학교 합창 대회"라는 글씨가 예쁘게 적힌 커다란 현수막이 걸려 있었다. 대회 시작을 기다리던 예솔이와 반 아이들은 긴장한 얼굴로 강당에 자리를 잡고 앉았다. 그동안 예솔이네 반은 연습 시간에 단 한 명도 빠지지 않았다. 다른 반보다 연습 시간이 턱없이 부족해서인지 다른 반에 비해 실력이 많이 늘지는 못했다. 하지만 그 전보다 훨씬 더 하나된 소리를 내고 있다는 것을 서로가 느낄 수 있었다.

강당에 들어와 자리에 앉은 예솔이는 깜짝 놀랐다. 심사 위원 자리에 수민 선배가 앉아 있었다. 선배는 지난주에 심사 위원 부탁을 받고 공정한 심사를 위해 예솔이에게 연주 여행을 간다고 했던 것이다.

예솔이와 눈이 마주치자 수민 선배는 '예솔아, 잘할 수 있지?'라고 말하듯 눈을 찡긋해 보였다. 예솔이는 환하게 웃으며 눈으로 대답했다.

"라라 초등학교 교내 합창 대회를 시작하겠습니다."

음악 선생님의 진행으로 1반부터 무대에 올라가 노래를 했다. 1반뿐만 아니라 다른 반 모두 연습을 많이 해 대회 열기는 뜨거웠다.

드디어 예솔이네 반 차례가 되었다. 아이들은 무대 위로 올라가 각자

자리를 잡았다. 예솔이도 무대 한가운데에 서서 관객들에게 환한 표정으로 인사를 했다. 그리고 뒤돌아서 친구들을 향해 섰다.

예솔이의 손이 부드럽게 올라갔다가 양 옆으로 힘차게 뿌려졌다. 그러자 그동안 연습했던 노랫소리가 강당에 울려 퍼졌다.

1절 마지막 즈음을 부를 때, 갑자기 아이들의 노랫소리에 작은 떨림이 생겼다. 지휘자를 바라보는 아이들의 눈빛도 살짝 흔들렸다. 청중은 눈치 챌 수 없는 작은 변화였지만 심사 위원인 조수민은 아이들에게 일어나는 갑작스런 변화를 놓치지 않았다. 조수민은 뒤돌아서서 지휘하고 있는 예솔이의 뒷모습을 재빨리 살폈다. 예솔이의 어깨가 가늘게 떨리고 있었다. 조수민의 입가에 살며시 미소가 번졌다.

예솔이는 울고 있었다. 아이들 앞에서 말도 제대로 못하던 자신을 이렇게 이끌어 준 수민 선배와, 그리고 그런 자신을 믿고 끝까지 함께 연습해준 친구들이 너무도 고마웠다. 예솔이는 그동안의 생각이 한꺼번에 떠오르자 자기도 모르게 눈물이 나왔고, 갑작스런 예솔이의 눈물을 본 아이들의 목소리에도 순간적으로 변화가 생겼던 것이다.

하지만 반 친구들은 예솔이의 마음을 알고 있었다. 그리고 자신들이 합창을 포기하려 했을 때 끝까지 용기를 잃지 않도록 이끌어주었고, 결국에는 여기 이 자리에 설 수 있도록 해준 사람이 예솔이라는 것 역시 알고 있었다. 아이들은 누가 먼저랄 것도 없이 옆 친구의 손을 살며시 잡았다. 그리고 모두가 하나된 마음으로 예솔이에게 응원을 보냈다.

'예솔아 고마워. 힘 내.'

서로에 대한 고마움과 감사의 마음이 담긴 아이들의 목소리는 더욱더 아름답게 어우러져 강당 가득히 퍼져나갔다.

노래를 부르고 내려온 예솔이네 반 친구들은 서로서로 손을 잡았다.

"얘들아, 미안해. 너희를 보니 그동안 연습했던 과정이 떠올라서……."

"아니야, 네 모습을 보고 더욱 열심히 노래 부르게 됐어."

"야, 김예솔. 너 우는 모습…… 정말 이뻤어!"

슬쩍 다가온 윤호도 부끄러운 듯 한마디 거들었다.

합창 대회가 모두 끝나고 결과 발표를 기다리는 시간. 예솔이네 반 친구들은 다른 반보다 연습할 시간이 부족했기 때문에 상을 받지 못할 거라고 생각했다. 하지만 예솔이는 그동안 함께 준비하면서 만든 추억만으로도 충분히 행복했다.

"네, 이제 단 두 개의 상만 남아 있습니다. 대상과 최우수상 발표는 우리 학교 선배이자 대한민국 최고의 프리마돈나인 조수민 선배님이 해 주시겠습니다."

수민 선배가 강당 위로 올라갔다.

"저는 이 자리에서 여러분의 공연을 보면서 너무나 감동했어요. 노래를 부르는 친구들의 표정 하나하나가 저에게 감동을 주었답니다. 앞으로도 우리 라라 초등학교에서 이런 시간을 기회로 삼아서 음악을 사랑하고 노래를 사랑하는 학생들이 많이 나왔으면 좋겠어요."

수민 선배는 가지고 나온 봉투를 열고 수상자가 적힌 쪽지를 꺼냈다.

"먼저 최우수상을 발표할게요. 최우수상은……."

예솔이는 정신이 하나도 없었다. 수민 선배가 쪽지를 꺼내 읽은 반이 예솔이네 반이었기 때문이다.

"최우수상을 받은 반은 지휘자와 반 친구들 모두 하나가 된 모습이 매우 감동적이었어요. 잠깐 위기의 상황에서 서로 당황했지만 지휘자와 노래를 부르는 친구들의 배려가 만든 하모니는 정말 아름다웠답니다. 그리고 서로의 작은 움직임과 호흡까지 느끼려는 노력이 더욱 돋보였어요. 하모니는 그렇게 만들어지는 거랍니다. 축하해요. 지휘자 김예솔

학생, 앞으로 나오세요."

예솔이는 무대 위로 올라갔다. 생각도 못했던 수상에 다시 한 번 눈물이 쏟아졌다. 수민 선배는 상장을 예솔이에게 건네주며 예솔이를 가볍게 안아주었다.

"예솔아, 오늘 정말 훌륭했어."

예솔이는 그날 최고의 감동을 느낄 수 있었다. 예솔이를 최선을 다해 가르쳐준 수민 선배, 그리고 믿고 따라와 준 반 친구들이 너무나 고마웠다. 그리고 자기를 나타내는 표현의 기술은 다른 사람들과의 하모니를 통해 나타날 때 완성된다는 것을 깨달았다.

"어서 오세요, 작은 음악회에 오신 여러분을 환영합니다."

오늘은 예솔이네 반에서 작은 음악회가 있는 날.

합창 대회 이후로 함께 연습하며 보낸 시간을 기억하며 반 친구들이 모두 마음을 모아서 음악회를 만든 것이다. 그리고 그 날은 한 달에 한 번 학부모 수업 참관이 있는 날로 정해졌다. 예솔이네 반에서는 행복한 음악 소리가 계속해서 울려 퍼졌다.

 ## 무대 위의 나의 모습을 상상해보세요!

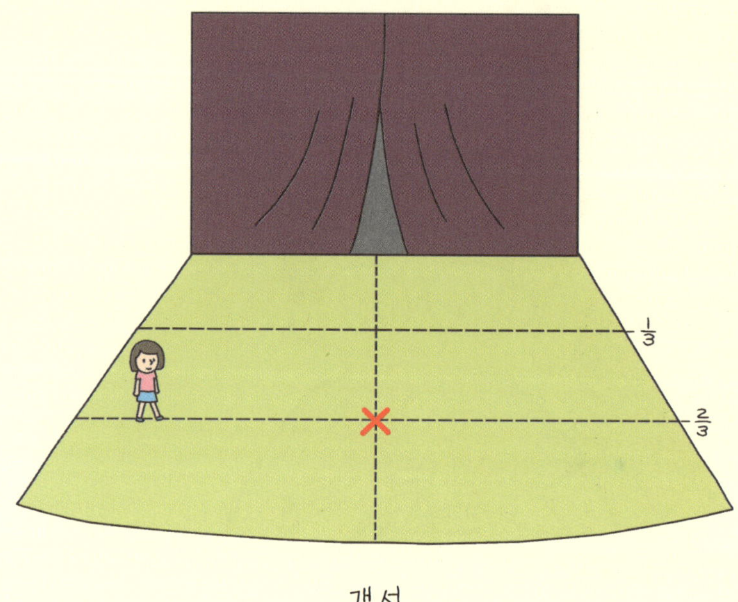

자, 이제 무대 위에 올라갈 시간입니다. 실제로 사람들 앞에 서서 노래를 하는 장면을 상상해보세요.

입장 : 처음 들어갈 때는 자신 있는 모습이 중요해요. 어깨를 펴고 당당하게, 밝은 모습으로 걸어 나가는 거예요.

 사람들의 분위기를 살펴보세요. 혹시 너무 산만하면 산만한 분위기가 조금 사그라질 때까지 기다려 주는 게 좋습니다. 그렇다고 손짓이나 표정으로 사람들에게 조용히 하라는 신호를 보내면 안 돼요. 밝은 표정으로 사람들을 둘러보며 노래할 준비가 됐다는 것을 눈빛으로 전달하는 것이죠. 분위기가 정리되면 간단한 고갯짓으로 반주자에게 신호를 주면 됩니다.

 노래를 부를 때는 약간 리듬을 타는 것이 자연스러워 보이고 좋습니다. 하지만 몸을 너무 많이 움직이면 주의가 산만해 보이고 우스꽝스러워 보일 수 있으니 조심해야 해요. 손동작은 정확히 해줘야 합니다.

중간에 틀리더라도 당황하지 말고 다음 구절부터 더욱 열심히 부르면 돼요. 사람들은 전체적인 곡의 느낌을 보기 때문에 잠깐의 틀린 순간은 크게 드러나지 않아요. 절대 당황하지 말고 끝까지 침착하게 불러보세요.

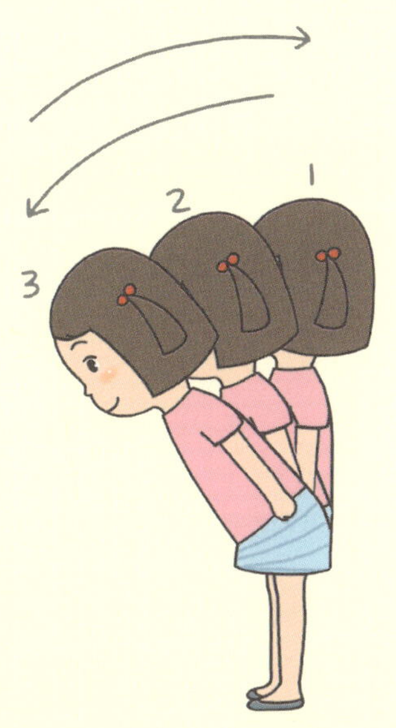

노래를 마친 후 : 노래를 들어준 관객들에게 진심으로 감사하다는 인사를 하면 됩니다. 인사를 할 때 허리를 숙이는 속도를 조절하는 게 어렵다면, 허리를 숙이면서 속으로 '1, 2, 3' 고개를 들면서 '1, 2, 3' 하고 숫자를 세어 보세요. 반주자에게 사인을 주고 함께 다시 한 번 더 인사를 하면 완벽하지요.

퇴장 : 연주자가 먼저 퇴장을 하는 경우가 많아요. 깔끔한 연주 마무리를 위해 반주자에게도 인사하는 순서를 미리 귀띔해주세요.

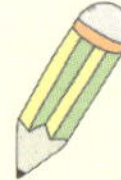 무대는 너무 무서워요!

많은 친구들이 무대 공포증으로 힘들어해요. 누구나 무대 위에 서면 떨리고, 긴장되지요. 하지만 무대 공포증은 충분히 이겨낼 수 있어요. 무대는 나의 최상의 모습을 보여주는 자리기도 하지만 있는 그대로의 나를 표현하는 자리이기도 해요. 사람들은 나의 완벽한 연주보다도 음악에 대한 나의 열정과 사랑을 보고 싶어해요. 그럼 이제 무대 공포증을 이기는 방법을 알아볼까요?

1. 나는 사랑받기 위해 태어난 사람~♬

누군가의 앞에서 노래를 부르기 위해 서 있는 것은 그것만으로도 대단한 용기에요. 나를 바라보고 있는 사람들이 모두 나를 응원하고 있다고 생각하고, 자신감을 가지고 노래를 불러보세요. 자신 있게 미소를 띄워주면서 말이에요.

2. 후우- 심호흡으로 마음을 편안하게~

노래를 시작하기 전에 충분히 심호흡을 하면 초조함은 없어지고 마음이 편안해져요. 3초 동안 숨을 들이 마시고, 3초 동안 마신 숨을 내쉬는 동작을 5번 반복해보세요. 훨씬 마음이 가라앉는 것을 느낄 수 있을 거예요. 또는 어깨를 돌리거나 팔을 길게 뻗는 동작을 하면 한결 몸이 유연해져서 근육의 긴장이 풀어집니다.

3. 노래 속의 포인트를 콕콕!

그래도 무대에 올라가면 떨릴 수 있어요. 그럴 땐 악보에 중요하게 표시를 해놓은 포인트를 떠올려보세요. 노래를 부르면서 포인트를 따라가다 보면 노래에 집중하면서 어느새 한 곡을 완성시킨 나를 발견할 수 있을 거예요.

4. 도돌이표 연습을 해보세요!

공부를 할 때 책을 한 번 읽어서는 교과서의 내용이 전부 기억나지 않죠? 무대 공포증도 마찬가지에요. 중요한 부분은 밑줄도 긋고, 몇 번씩 반복해서 읽어야만 머릿속에 내용이 들어가는 것처럼, 무대 공포증도 무대에 여러 번 서는 반복 학습을 통해 극복할 수 있어요.

5. 나만의 노래 목록을 만들자!

내가 가장 자신 있는 곡을 몇 곡 정도 골라서 나만의 노래 목록을 만드는 것도 무대 공포증을 이기는 데 큰 도움이 돼요. 같은 곡을 매번 다른 장소에서 부르면 그 곡에 대해서만큼은 자신감이 점점 생기기 때문이죠.

나랑 잘 맞는 노래는 어떤 게 있을까?

뮤지컬 사운드

- ···▶ 도레미송(사운드 오브 뮤직 中)
- ···▶ Over the rainbow(오즈의 마법사 中)
- ···▶ My favorite things(사운드 오브 뮤직 中)
- ···▶ I have a dream, a song to sing(맘마미아 中)

1. 오선

공부를 할 때 노트의 줄에 맞춰서 글씨를 쓰죠? 음악에서는 오선에 맞춰서

음표를 그린답니다.

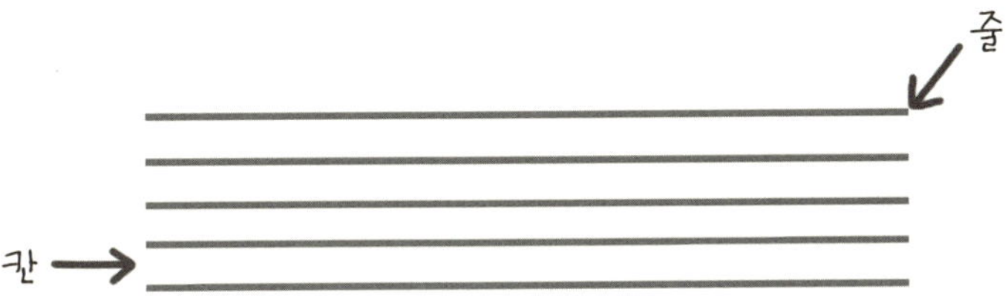

5선 안에 나타내지 못하는 음은 이렇게 덧줄을 이용해서 표시합니다.

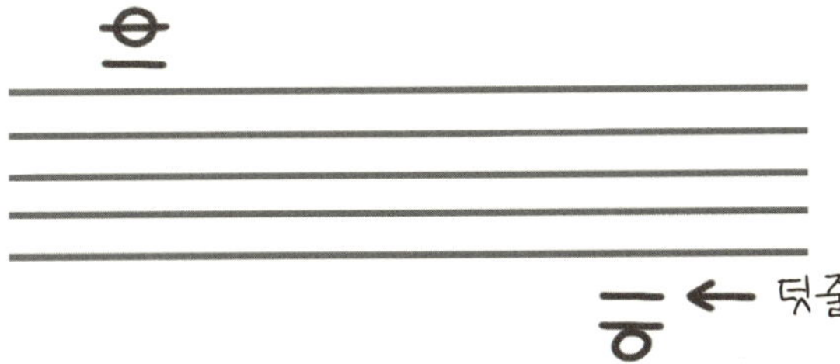

2. 음자리표

악보에 음표나 다양한 기록을 남기는 것을 기보라고 해요. 음을 기보하는 데
는 음역을 표시할 때 음자리표를 사용하는데, 높은음자리표는 중간 음역에서
높은 음역에 걸친 기보에 사용해요. 반면 낮은 음역의 기보에는 낮은음자리
표를 사용하지요. 보통 변성기 전의 학생들은 모두 높은음자리표의 음역대의
노래를 불러요. 하지만 변성기가 지난 남학생들의 일부는 낮은음자리표 음역
대의 노래를 부르지요.

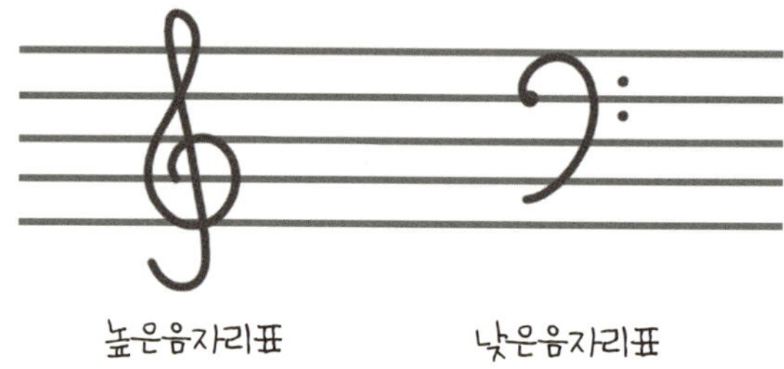

3. 건반으로 본 음계와 음이름(원음)

피아노 건반을 활용하면 음이름을 파악하기가 쉬워요, 우리가 알고 있는 도레
미파솔라시도는 이태리와 프랑스에서 사용하던 것이 널리 퍼진 거랍니다.

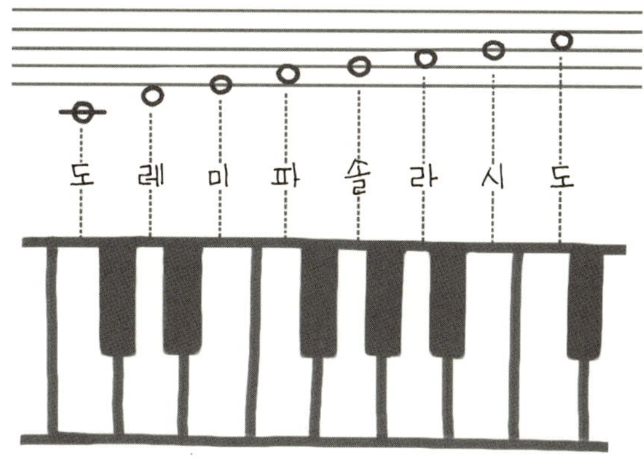

4. 음표와 쉼표

음의 길이(장단)나 높이(고저)를 나타내는 표를 음표라고 합니다. 쉼표는 음이
쉬고 있는 시간의 길이를 나타내지요.

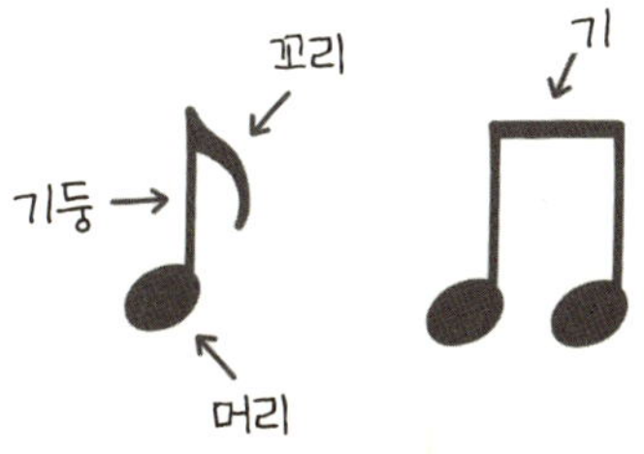

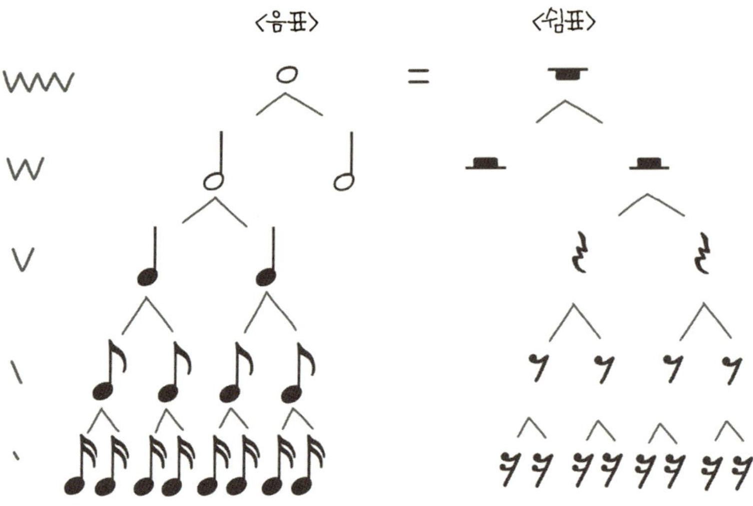

음의 길이가 항상 1박자씩 떨어지지는 않아요. 반만 쉴 때도 있고, 반의반만 나타내기도 하지요. 그럴 때는 점을 이용해서 길이를 조절한답니다. 음표나 쉼표의 오른쪽에 점이 붙은 것이 점음표, 점쉼표에요. 이 점은 음(쉼)표 길이의 $\frac{1}{2}$ 을 의미합니다.

잇단음표를 사용할 줄 알면 더욱 다채로운 음악을 표현할 수 있어요.

ㄴ. 박과 박자

음악이 진행될 때, 일정한 시간마다 새겨지는 단위를 '박'이라고 해요. 그리고 때로는 강하게 느껴지는 강박과 약하게 느껴지는 약박이 일정한 주기로 나타날 때 박자가 형성되지요. 강박이 2박마다 나타나는 것을 2박자, 3박마다 나타나는 것을 3박자라고 합니다.

6. 마디와 세로줄

글을 단락별로 나눠주기 위해서 줄을 바꿔주듯이 마디를 나눠주기 위해서는
세로줄을 이용해요. 또 곡의 주제가 바뀔 때는 겹세로줄을 이용하기도 하고,
곡이 끝났을 때는 끝세로줄을 이용합니다.

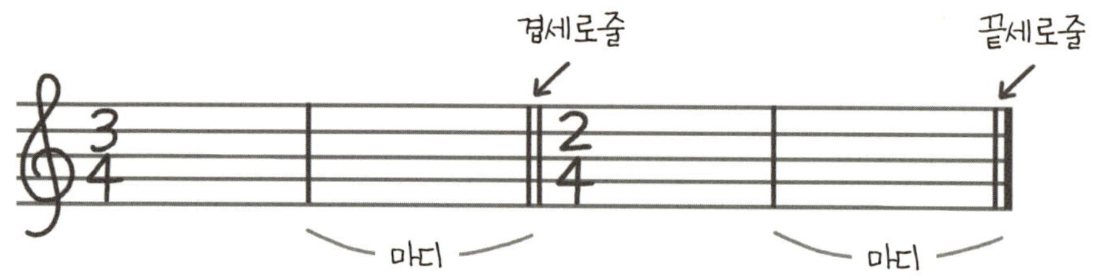

7. 변화표, 조표, 임시표

어떤 음을 반음 올리거나 내릴 때 사용하는 것이 조표 샵♯, 플랫♭입니다. 그리고
이런 조표의 효력을 없애고 원음으로 되돌리는 것을 내추럴♮이라고 합니다. 조
표는 임시표나 조표가 변하지 않으면 계속해서 표력이 있지만, 임시표는 한
마디 안에서만 효력이 있습니다.

8. 목소리의 갈래

소프라노	높은 음역의 여성 파트
메조소프라노	중간 음역의 여성 파트
알토	낮은 음역의 여성 파트
테너	높은 음역의 남성 파트
바리톤	중간 음역의 남성 파트
베이스	낮은 음역의 남성 파트

9. 연주 형태

독창(solo)	보통 반주와 함께 혼자 노래하는 것을 독창이라고 해요.
중창(Ensemble)	여러 개의 선율로 이루어진 다 성부 음악을 한 사람이 한 성부씩 맡아 노래하는 연주 형태를 말해요.
2중창(Duet)	소프라노–알토, 소프라노–테너, 테너–베이스 등
3중창(Trio)	소프라노–메조소프라노–알토, 소프라노–알토–테너, 소프라노–테너–바리톤 등
4중창(Quartet)	소프라노–알토–테너–베이스, 테너1–테너2–바리톤–베이스 등
합창(Chorus)	다 성부 음악을 여러 사람이 한 성부씩 맡아 노래하는 연주 형태를 말해요. 여성합창, 남성합창, 혼성합창, 2중 합창, 아카펠라

10. 줄임말과 연주 순서

악곡의 일부 또는 전부가 되풀이해서 연주될 경우, 다음과 같은 표를 사용해서

나타냅니다.

:||	도돌이표	도돌이표와 도돌이표 사이, 또는 처음부터 도돌이표까지 반복해서 노래를 부르면 돼요.
D.C	(다 카포–Da Capo)	처음으로 되돌아가서 연주 후, Fine 또는 ⌢ (≡)에서 끝내요.
D.S	(달 세뇨 – Dal Segno)	𝄋(세뇨)로 돌아가서 연주 후, Fine 또는 ⌢ (≡)에서 끝내요.
Coda⊕	코다	코다로 가세요.

11. 셈여림의 표시와 변경

pp	피아니시모	매우 여리게
p	피아노	여리게
mp	메조피아노	조금 여리게
mf	메조포르테	조금 세게
f	포르테	세게

ff	포르티시모	매우 세게
cresc <	크레센도	점점 세게
decersc >	데크레센도	점점 여리게
dim	디미뉴엔도	
sf, fz , sfz	스포르찬도	특히 세게
accent	악센트	음을 강하게
sub	수비토	갑자기

12. 빠르기에 대한 표현

전체 빠르기

Largo, lento	라르고, 렌토	매우 느리게
Adagio	아다지오	매우 느리게
Andante	안단테	느리게
Andantino	안단티노	조금 느리게

Moderato	모데라토	보통
Allegretto	알레그레토	약간 빠르게
Allegro	알레그로	빠르게
Vivace	비바체	아주 빠르게
Presto	프레스토	매우 빠르게

부분 빠르기

Accelerando	아첼레란도	점점 빠르게
ritardando = rit.	리타르단도	점점 느리게
a tempo	아템포	본래의 빠르기로